불멸의 전파자

INDESTRUCTIBLE

불멸의
전파자

다니엘 김

PREACHER

규장

좋은 소식을 전하며 평화를 공포하며

복된 좋은 소식을 가져오며 구원을 공포하며

시온을 향하여 이르기를

네 하나님이 통치하신다 하는 자의 산을 넘는 발이

어찌 그리 아름다운가

이사야 52:7

> " 내가 가는 길을 그가 아시나니
> 그가 나를 단련하신 후에는 내가 순금같이 되어 나오리라 "
>
> 욥기 23:10

2020년 1월 19일, 코로나19의 첫 국내 확진자가 발생했다고 보도되었다. 당시 나는 여러 곳을 다니며 쉴 새 없이 말씀을 전하고 있었고, 팬데믹의 소식을 접했을 때, 나는 주께서 구조조정을 요구하고 계신다는 강력한 인상을 받았다.

주님은 교회와 성도를 구조조정하기를 원하신다. 그것을 통해, 신학과 사역과 예배의 틀을 확장하기를 바라신다. 사도행전 8장에서 우리는 다음과 같은 내용을 만날 수 있다.

그날에 예루살렘에 있는 교회에 큰 박해가 있어 사도 외에는 다 유대와 사마리아 모든 땅으로 흩어지니라 행 8:1

핍박을 당하게 된 교회 입장에서는 이것이 신앙을 위협하는 단순한 공격으로 여겨졌을 것이 분명하다. 전도를 방해하는 장애물로 다가왔을 것이다. 그리고 마음껏 예배드릴 수 있는 자유를 앗아가는 사탄의 수작으로 느껴졌을 것이다. 하지만 교회사는 증명한다. 이 사건 없이 절대로 복음은 확장될 수 없었다는 사실을!

그렇다. 핍박으로 인하여 복음은 사방으로 흩어지게 되었다. 주님은 진정 모든 상황 위에 계시고 통치하심으로 '모든 것이 합력하여 선을 이루게 하시는 분'이다. 잠언 16장 4절에서는 "여호와께서 온갖 것을 그 쓰임에 적당하게 지으셨나니 악인도 악한 날에 적당하게" 하셨다고 하지 않았는가!

주님은 언제나 이렇게 일하신다. 우리가 일반적으로 가지고 있는 생각과 주님의 계획은 너무나 다르다.

이는 내 생각이 너희의 생각과 다르며 내 길은 너희의 길과 다름이니라 여호와의 말씀이니라 이는 하늘이 땅보다 높음같이 내 길은 너희의 길보다 높으며 내 생각은 너희의 생각보다 높음이니라 사 55:8,9

1966년, 중국에서 문화대혁명의 불길이 매섭게 타오르기 시작했다. 곧, 신앙생활을 향한 강도 높은 탄압이 뒤따랐다. 이때 중국교회는 예배를 비공개로 전환하여 이어갈 수밖에 없는 형편으로 내몰렸다. 이 과정을 통해, 중국의 가정교회가 생겨나게 되었고, 복음은 지하에서 확산되었다. 주님은 중국교회를 구조조정하심으로 그분의 왕국을 확장하신 것이다!

코로나19 첫 국내 확진자에 대한 뉴스를 듣고 나는 결심했다. 주님이 나를 구조조정하시는 손길에 굴복하기로. 내 삶의 영적 군더더기를 제거하시는 주님의 수술대 위에 스스로 올라가기로 작정했다. 그래서 모든 공식 집회를 취소하고 혼자 잠잠히 주님의 음성을 듣기로 한 것이다.

사람이 여호와의 구원을 바라고 잠잠히 기다림이 좋도다 사람은 젊었을 때에 멍에를 메는 것이 좋으니 혼자 앉아서 잠잠할 것은 주께서 그것을 그에게 메우셨음이라 애 3:26-28

이 기간에, 나는 주님과 더 깊은 교제의 자리로 나아갔다. 모든 공개 사역을 중단한 가운데, 고요함 속에 계신 주님을 만났다. 그리고 강단에서 복음을 외치지 못하는 날이 오면, 문서로 전하면 된다고 생각해서 꾸준히 글을 써나갔다. 때로는 동이 틀 때 한적한 공원에 가서 글을 쓰기 시작하여 해가 지고 나서야 귀가한 적도 있다.

또 하나님의 말씀을 직접 가서 나눌 수 없다면, 영상을 통해서라도 열방에 전하고 싶었다. 그래서 작은 스튜디오를 마련하여 한국어와 일본어와 영어로 복음을 외치기 시작했다.

이뿐 아니라 군중 앞에 서는 강단이 막히면, 가장 가까이 있는 몇몇 형제자매들과 더 많은 시간을 보내면서 그들을 열심히 섬기면 된다고 생각했다. 그래서 제자훈련에 집중했다.

솔직히, 답답할 때도 많았다. 약 15년간 세계를 거침없이 누비며 쉴 새 없이 일하는 동안, 내 삶에 자연적으로 붙은 가속도를 인위적으로 낮춘다는 것은 결코 쉽지 않았다. 때로는 외로웠고, 때로는 숨 막힐 것 같았고, 때로는 앞이 캄캄했다. 그러나 나는 내 자리를 지켰다. 주님이 맡겨주신 일을 묵묵히 감당했다. 단 하루도 거르지 않고 열심히 그 길을 걸어갔다. 지금, 나는 조심스럽게 주님께 속삭일 수 있다.

"주님, 저는 이 기간을 정말 충실하게 지냈어요. 주님은 알고 계시죠?"

이 기간 동안, 나는 넘어지기도 하고 일으켜 세움도 받았다. 나 자신의 한계와 못남을 직면하고 괴로워하기도 했지만, 주님의 위로와 격려를 체험하기도 했다. 언제 나아질지 모르는 막막한 현실 앞에서 주님 한 분만으로 넘치도록 채워지는 법을 연습했다. 그리고 다가오는 시대를 어떻게 감당해야 할지 전략을 세우고, 임박한 세계부흥을 향한 기대를 갖게 되었다.

나는 내 앞길을 알지 못했다. 단지, 주님의 손길에 굴복했고 그 선하심을 신뢰했을 뿐이다. 그러나 주님은 내 삶을 신실하게 인도하셨다. 주님은 내 안에 이루신 구조조정을 통하여 너무나 많은 일을 성취하셨다. 주님은 나를 확장하셨고 연단하셨다. 그리고 지금, 더 많은 일을 맡겨주셨다.

실로 내 갈 길을 알고 계셨던 주님은, 나를 '불멸의 전파자'로 훈련하셨다.

'불멸의 전파자'는 그 어떤 상황 속에서도 굴하지 않는 복음 전파자다. 넘어져도 주님의 사랑으로 다시 일어나는 주님의 자녀다. 아무리 연약하여도 주님과 함께 당한 경주를 끝까지 달려내는 하늘의 군사다.

그는 강단에 서지 못하면, 붓으로 외친다. 그는 모든 것을 잃어도, 주님 한 분만으로 만족한다. 그는 결박되어 움직일 수 없게 되면, 자기 곁에 있는 그 한 사람을 하나님의 일꾼으로 만들어내기 위해 생명을 건다.

그 어떤 감옥이 그를 가둘 수 있겠는가! 그 어떤 권세가 그의 입을 막을 수 있겠는가! 그 어떤 원수의 공격이 그를 완전히 파괴할 수 있겠는가!

앞으로 다가오는 시대는 만만치 않다. 참으로 힘든 내일이 우리를 기다리고 있다. 그런데 주님의 나라는 임박하고, 복음 전파의 임무는 남아 있고, 잃어버린 영혼들은 이 순간에도 죽어가고 있다. 그렇다면 아무리 상황이 악화되고 조건이 나빠진대도 우리가 맡은 사명을 잠시도 멈춰서는 안 되는 것 아니겠는가! 삶의 고난과 시련으로 인해 본분을 잃어서는 안 되는 것 아니겠는가! 비록 형태는 바뀔지라도, 우리는 "때를 얻든지 못 얻든지" 말씀을 전하는 일에 항상 힘써야 하는 것이다.

이것이 우리를 향한 주님의 바람이다. 주님의 이 소원을 이루어드리고자 이 책을 펼친다.

PART

1

복음을 맡은 자,
부흥을 보리라

고린도후서 4:7-18

7 우리가 이 보배를 질그릇에 가졌으니 이는 심히 큰 능력은 하나님께 있고 우리에게 있지 아니함을 알게 하려 함이라 8 우리가 사방으로 욱여쌈을 당하여도 싸이지 아니하며 답답한 일을 당하여도 낙심하지 아니하며 9 박해를 받아도 버린 바 되지 아니하며 거꾸러뜨림을 당하여도 망하지 아니하고 10 우리가 항상 예수의 죽음을 몸에 짊어짐은 예수의 생명이 또한 우리 몸에 나타나게 하려 함이라 11 우리 살아 있는 자가 항상 예수를 위하여 죽음에 넘겨짐은 예수의 생명이 또한 우리 죽을 육체에 나타나게 하려 함이라 12 그런즉 사망은 우리 안에서 역사하고 생명은 너희 안에서 역사하느니라 … 16 그러므로 우리가 낙심하지 아니하노니 우리의 겉사람은 낡아지나 우리의 속사람은 날로 새로워지도다 17 우리가 잠시 받는 환난의 경한 것이 지극히 크고 영원한 영광의 중한 것을 우리에게 이루게 함이니 18 우리가 주목하는 것은 보이는 것이 아니요 보이지 않는 것이니 보이는 것은 잠깐이요 보이지 않는 것은 영원함이라

불멸의 전파자

우리는 주님으로부터 복음을 선물로 받았다. 사도 바울은 이것을 '보배'(treasure)라고 표현한다.

> 우리가 이 보배를 질그릇에 가졌으니 이는 심히 큰 능력은 하나님께 있고
> 우리에게 있지 아니함을 알게 하려 함이라 **고후 4:7**

우리가 주님께 선물로 받은 이 복음은 우리에게 책임과 임무와 소명을 안겨준다. 그것은, 우리가 받은 이 복음을 전하는 것이다.

복음을 전하는 건 결코 쉽지 않다. 여러 가지 어려움이 따른다. 하지만 우리에게는 어떤 상황에서든 낙심하지 않아도 되는 이유가 있다. 이제 그 이유에 대해 살펴보자.

질그릇에 담긴 영광의 복음

고린도후서 4장 1-6절에서 사도 바울은 우리가 주님께 선물로 받은 복음을 설명하며 "그리스도의 영광의 복음"(고후 4:4)이라고 소개한다. 복음은 '그리스도의 아름다움에 대한 좋은 소식'이란 뜻이다.

예수님이 얼마나 아름다운 분이신지, 얼마나 신실한 분이신지, 또 얼마나 거룩하고 전능한 분이신지, 동시에 얼마나 선한 분이신지, 그분께서 우리를 위해 어떤 희생을 치르셨는지, 우리를 얼마나 사랑하시고 어디까지 용서하셨는지에 관한 소식, 바로 이것이 복음이다.

그런데 7절로 넘어가면서 영어성경 대부분의 역본에서 'But'(그러나)이라는 접속사로 내용의 흐름에 갑작스런 변화를 준다. 지금까지 소개한 아름다운 복음과 이제부터 소개하고자 하는 상황을 대조적으로 비교하고자 하는 것이다.

세상의 상식, 혹은 우리의 예상과 달리 하나님께서는 그토록 좋은 "그리스도의 영광의 복음"을 튼튼하고 화려하고 값비싼 그릇에 담지 않으셨다. 오히려 이 '보배'를 우리와 같은 '질그릇'에 담으셨다.

우리말 성경에 '질그릇'이라고 번역된 단어가 KJV 등 영어성경 몇몇 역본에 'earthen vessels'라고 되어 있다. '흙으로 만든 용기'라는 뜻이다. 혹은 '지구의 재료로 빚어진 물건'이란 뜻도 되겠다. 흙으로 창조된 우리 인간을 묘사하기에 너무나 적절한 표현이다.

우리는 여기서 위대한 아이러니에 직면하게 된다. 하나님께서 "그리스도의 영광의 복음"이라는 초자연적인 메시지를 지극히 자연적인 용기에 담으셨기 때문이다. 하나님께서는 너무나 소중한 보배를 너무나 일반적인 우리에게 맡기셨다.

질그릇은 깨지기 쉬운 그릇이다. 질그릇은 왕궁에서 사용되는 그릇이 아니라, 서민들이 일상에서 사용하는 매우 값싼 그릇이었다. 그런데 정말 놀랍게도 그 안에 '불멸의 복음'이 담기게 된 것이다.

복음을 맡은 자가 겪는 어려움

여기서 복음 전파에 따르는 한 가지 어려움을 감지할 수 있다. 복음 전파의 책임과 임무와 소명을 받은 우리에게 육신의 한계가 존재한다는 점이다. 깨지기 쉬운 질그릇처럼 우리는 세월 속에서 낡아 간다. 시간의 흐름 속에서 깨지고, 금이 가고, 쇠하여 가는 것이다. 16절에서 사도 바울은 이렇게 고백한다.

그러므로 우리가 낙심하지 아니하노니 우리의 겉사람은 낡아지나 우리의 속사람은 날로 새로워지도다 **고후 4:16**

우리의 육신은 나날이 약해져 간다. 이전엔 거뜬히 할 수 있었던 것도 더 이상 할 수 없게 되고, 이전에 없던 통증으로 밤낮 신음하며, 이전엔 잘 보이던 것들이 이젠 희미하게 보인다. 이전엔 달려갔지만 이제는 자주 쉬었다 가야 하고, 이전엔 미처 몰랐던 서러움과 고독을 자주 느끼곤 한다.

주님을 위해 마음껏 일하고 싶지만, 허리나 무릎의 통증으로 씨름하는 게 서글픈 우리의 처지 아닌가? 밤낮을 가리지 않고 복음을 위해 수고해도 시간이 부족한데, 마음처럼 회복이 빨리빨리 이뤄지지 않는 게 우리의 현실 아닌가?

목사 안수를 받고 선교사 파송을 받은 후, 막 사역을 시작했을 때의 모습이 생각난다. 당시 얼마나 열심히 전심을 다해 달렸는지 모른다. 시골 구석구석까지 찾아 들어가서 설교하고, 셀 수 없이 많은 군부대를 방문하여 전도하며, 중고등학교와 대학교, 심지어 초등학교 채플에서까지 예수님을 모르는 학생들에게 복음을 전했다. 해외도 피곤한 줄 모르고 열심히 다녔다. 비행기로 열 몇 시간 이동하는 것을 정말 대수롭지 않게 생각했고, 기차로 30시간 이상 달려가는 것도 아무렇지 않았다.

하지만 세월 앞에선 장사가 없는 것 같다. 지금은 그런 일들이 정말 힘들다. 시간의 흐름 속에서 나의 육신은 더 이상 예전 같지 않다. 나날이 약해져 갈 수밖에 없는 질그릇과 같은 육신으로 인해, 우리 모두는 이와 같은 어려움을 피해 갈 수 없는 법이다.

질그릇 같은 우리는 육신의 한계로 인한 어려움 말고도 또 다른 어려움을 겪곤 한다. 그것은 외부에서 오는 공격이다.

> 우리가 항상 예수의 죽음을 몸에 짊어짐은 예수의 생명이 또한 우리 몸
> 에 나타나게 하려 함이라 우리 살아 있는 자가 항상 예수를 위하여 죽음
> 에 넘겨짐은 예수의 생명이 또한 우리 죽을 육체에 나타나게 하려 함이라
>
> 고후 4:10,11

"예수의 죽음"이라는 표현은 '고난'을 가리킨다. 예수님은 나이 들어 자연적으로 돌아가신 분이 아니다. 주님은 십자가에 못 박혀 죽임당하셨다. 따라서 예수의 죽음을 몸에 짊어졌다는 사도 바울의 표현은 '우리의 겉사람'이 낡아지는 것뿐만 아니라, 외부로부터 오는 공격도 있다는 사실을 지적하고 있는 것이다.

우리는 핍박과 박해 속에서 육체적 타격을 받을 수 있다. 비난과 조롱 속에서 정신적 상처를 입을 수도 있다. 어찌 되었든 이것 역시 '질그릇'인 우리가 겪게 되는 어려움이다.

고난은 항상 우리 삶을 맴돌고 있다

우리는 천하무적이 아니다. 흙으로 만들어진 인간에 지나지 않는다. 우리는 쇠로 만든 그릇이 아니다. 우리는 질그릇에 불과하다. 그러니 자기 자신을 과대평가하지 말라. 복음을 전하는 현장에서 얻게 되는 몸과 마음과 정신의 흉터는 지극히 당연하다.

10절에서 "우리가 항상 예수의 죽음을 몸에 짊어" 진다고 말한

바울은 더 나아가 11절에서 "우리 살아 있는 자가 항상 예수를 위하여 죽음에 넘겨"진다고 했다. 우리가 복음 전파를 쉬지 않는 한, 고난은 멀리 있지 않다는 뜻이다.

고난은 언제나 우리 삶에 맴돌고 있다. 사람을 통해 오는 고난, 물질로 인한 고난, 육체적 고난 등이 항상 우리의 삶에 있을 수밖에 없다는 것이다.

"예수의 죽음"이란 표현은 또한 예수 그리스도께서 어떤 죽음을 맞이하셨는지 생각하게 하는 표현이다. 주님은 평범한 죽음을 맞은 분이 아니시다. 주님은 매우 폭력적인 죽임을 당하셨다. 따라서 '예수의 죽음을 몸에 짊어지고 예수를 위하여 죽음에 넘겨진다'라고 하는 것은, 예수의 복음을 간직한 우리의 삶이 어떠해야 하는지를 암시해주는 표현이다.

우리는 '질그릇'이다. 그래서 낡아간다. 쇠하여간다. 썩어가고 무너져간다. 늙어가는 것이다. 또 우리는 연약하다. 깨지기 마련이며, 쉽게 타격받고 금이 간다. 쉽게 상처받고 아파한다. 그래서 때로는 주저앉아 오랫동안 일어나지 못할 때도 있다.

우리는 복음을 전해야 하는 책임과 임무와 소명을 가졌지만, 그런 우리의 삶에는 항상 이런 어려움이 있다. 그렇다면 하나님은 왜 질그릇 같은 우리 안에 복음을 담으신 것일까? 하나님은 왜 연약하고 누추하고 부족한 우리에게 복음 전파를 맡기신 것일까?

질그릇 같은 우리를 택하신 하나님의 섭리

> 우리가 이 보배를 질그릇에 가졌으니 이는 심히 큰 능력은 하나님께 있고
> 우리에게 있지 아니함을 알게 하려 함이라 **고후 4:7**

여기서 '이는'은 '어떤 목적을 위하여'라는 의미가 담긴 연결어다. 그렇다면 "우리가 이 보배를 질그릇에 가졌으니 이는" 무엇을 이루기 위함인가?

"이는 심히 큰 능력은 하나님께 있고 우리에게 있지 아니함을 알게 하려 함이라."

즉, 우리의 연약함은 장애물이 아니라 오히려 우리가 하나님께 선택된 자격 조건이라는 뜻이다. 하나님은 우리가 '연약함에도 불구하고'(not in spite of) 선택하신 게 아니라, 우리가 '연약하기 때문에'(but because of) 택하셨다는 것이다.

연약한 우리를 통해서만 복음의 진가가 나타나기 때문이다. 보잘것없는 우리를 통해서만 하나님의 위대하심이 확실히 증거될 수 있기 때문이다.

지난 19년 이상, 나는 전 세계를 다니며 주님의 말씀을 전해왔다. 짧지 않은 세월 동안 한 가지 절실히 깨달은 것이 있다. 세상에는 정말 잘나고, 멋지고, 유능하고, 많이 배우고, 많이 가지고, 힘 있는 자들이 너무나 많다는 사실이다. 그런데 주님은 왜 나 같은 사람을

보내셨을까?

그것은 내가 그들보다 뛰어나기 때문이 아니라 오히려 그들보다 부족하기 때문이다. 연약함 속에서 주님을 붙들 수밖에 없는 존재이기 때문이다.

우리가 날로 쇠하여가는 육신으로 인한

한계를 경험하든,

혹은 외부에서 오는 고난으로 인한

어려움을 경험하든,

중요한 것은 그 누구도,

그 무엇도 하나님을 막을 수 없다는 것이다.

불멸의 복음을 담고 있는 우리를

막을 수 없다는 것이다.

욱여쌈을 당해도 싸이지 않는다

우리가 사방으로 욱여쌈을 당하여도 싸이지 아니하며 답답한 일을 당하여도 낙심하지 아니하며 박해를 받아도 버린 바 되지 아니하며 거꾸러뜨림을 당하여도 망하지 아니하고 **고후 4:8,9**

우리말 성경에는 "사방으로 욱여쌈을 당하여도"라고 번역되어 있는데, 이 부분을 원어로 보면 '몸을 움직일 수 없을 정도의 심히 좁은 공간에 놓이는 상태'를 연상케 하는 표현이 사용되고 있다. 앞으로 전진할 수도 없고, 뒤로 후퇴할 수도 없으며, 양옆에 도움을 청할 수도 없는 막다른 인생길 말이다. 이런 길목에서도 우리는 '싸이지 않는다'라고 말씀하신다. 즉, 완전히 마비되지는 않는다는 뜻이다.

발이 움직이지 않으면 손이 움직여 일할 것이며, 한 손이 묶이면 다른 손이 일을 이어 나갈 것이다. 세월이 우리를 결박하지 못할 것이고, 육신의 한계가 우리를 막아내지 못할 것이며, 세상의 핍박이 우리를 입 다물게 하지 못할 것이다. 건강할 때는 여러 곳을 다니며 전할 것이고, 병약할 때는 병상에서 주님을 증거할 것이며, 평화로울 때는 마음껏 외칠 것이고, 환난 가운데서는 조용히 섬길 것이란 뜻이다.

답답한 일을 당해도 낙심치 않는다

이어서 사도 바울은 이렇게 말한다.

"답답한 일을 당하여도 낙심하지 아니하며…."

"답답한 일을 당하여도"를 원어로 보면 '아포레오'(aporeo)라고 기록되어 있는데, 이는 '모든 자원이 바닥이 난다'라는 뜻이다. 육신의 기력과 재정적 자원이 바닥나고, 함께하는 사람들이 모두 떠나며, 의지했던 동지들이 모두 사라져도 우리는 낙심하지 않는다는 것이다.

낙심은, 모든 자원이 바닥났을 때 경험하는 감정이다. 그러나 우리는 낙심하지 않아도 된다. 우리의 자원은 무한하기 때문이다. 육신은 쇠하지만 영은 날로 새로워지고, 세상은 악하지만 주님은 여전히 통치하고 계시며, 역사의 끝은 다가오고 있지만, 그것이 우리의 끝은 아니다.

주의 인자는 끝이 없다는 사실을 기억하는가? 주의 자비는 영원하다는 사실을 기억하고 있는가? 그것이 아침마다 새롭다는 사실을 기억하는가? 그렇다. 하나님의 창고는 절대로 고갈되지 않는다.

박해를 받아도 버림받지 않는다

사도 바울은 또 이렇게 말한다.

"박해를 받아도 버린 바 되지 아니하며…."

박해가 지속되면 우리 안에는 거절감이 생기기 마련이다. 그러나 주님이 우리에게 매번 경험하게 하시는 한 가지가 있다. 우리가 절대로 버림받지 않음을 알게 해주시는 것이다.

우선, 주님은 우리를 찾아와주시고 여전히 우리와 함께하신다는 사실을 거듭 확인시켜주신다. 그리고 우리와 함께하는 사람들을 부르시어 서로 만나게 하신다.

거꾸러뜨림을 당해도 망하지 않는다

마지막으로 사도 바울은 "거꾸러뜨림을 당하여도 망하지 아니하고"라고 말한다. '거꾸러뜨림을 당한다'의 원어는 '원수가 가하는 타격으로 인하여 내동댕이쳐진다'라는 의미가 담긴 표현이다. 이것은 고대 로마의 콜로세움을 연상시킨다.

초대교회 때 성도들은 잡혀가서 그 원형경기장에 세워졌다. 그곳에서 사자들에게 뜯기고, 검투사의 창과 칼에 맞았다. 그리고 그들은 그 흙 위에 나동그라졌다. 그 먼지 위에 내동댕이쳐진 것이다.

그런데 사도 바울은 그런 이들에 대해 뭐라고 말하는가?

"망하지 아니하고…."

설령 나동그라졌더라도 이들은 잿더미 속에서 다시 일어났다는 뜻이다.

다들 끝났다고 생각할 때, 우리는 또 한 번의 승리를 위해 도전한다. 다들 끝났다고 생각할 때, 우리는 새로운 목적을 향하여 나아간다. 이것이 복음이 우리 안에서 이루는 역사다.

지금까지 우리는 어려움 가운데 나타나는 하나님의 섭리에 대해 생각해보았다. 하나님의 섭리는 실로 이것이다!

"심히 큰 능력은 하나님께 있고 우리에게 있지 아니함을 알게 하려 함이라."

고난을 함께하면 영광도 함께할 것이다

자, 그런데 이것이 다가 아니다. 사도 바울은 계속해서 이렇게 말한다.

> 우리가 항상 예수의 죽음을 몸에 짊어짐은 예수의 생명이 또한 우리 몸에 나타나게 하려 함이라 우리 살아 있는 자가 항상 예수를 위하여 죽음에 넘겨짐은 예수의 생명이 또한 우리 죽을 육체에 나타나게 하려 함이라 그런즉 사망은 우리 안에서 역사하고 생명은 너희 안에서 역사하느니라
> 고후 4:10-12

"우리가 항상 예수의 죽음을 몸에" 짊어지는 이유에 대해 사도 바울은 뭐라고 말하는가? 10절에서 그는 "예수의 생명이 또한 우리 몸에 나타나게 하려 함이라"라고 기록하고 있다. 그리고 11절에서는 "예수의 생명이 또한 우리 죽을 육체에 나타나게 하려 함이라"라고 기록하고 있다.

즉, 사도 바울은 이렇게 말하고 있는 것이다.

'우리가 예수님과 함께 죽음을 공유하면, 생명도 공유하게 된다. 고난을 함께하면, 영광도 함께하게 될 것이다.'

이것이 하나님의 섭리요, 영적 원리요, 인생의 질서다. 그러므로 복음 전파의 책임과 임무와 소명을 감당하는 가운데, 우리가 처하게 되는 고난은 우리가 하나님의 순리대로 살아가고 있다는 증표

요, 그리스도의 발자취를 그대로 뒤쫓아가고 있다는 증명이 되는 것이다.

'예수의 죽음'은 반드시 풍성한 생명을 가져다주게 되어 있다. 먼저, 예수의 죽음을 몸에 짊어진 우리가 '예수의 생명'을 경험하게 되어 있고, 이어서 우리를 통해 '예수의 생명'이 퍼져가게 되는 것이다.

그런즉 사망은 우리 안에서 역사하고 생명은 너희 안에서 역사하느니라
고후 4:12

이 말씀은 '우리가 복음을 위하여 고생함으로, 너희가 복음 안에서 살아난다'라는 뜻이다. 이것이 하나님의 섭리다. 한 알의 밀알이 땅에 떨어져 죽어야 많은 생명을 낳을 수 있다. 고난 없이는 영광이 있을 수 없고, 십자가 없이는 면류관을 얻을 수 없으며, 주님과 함께 죽지 않으면 주님과 함께 부활할 수 없는 것이다.

고난은 오히려 사역 무기가 된다

기록된 바 내가 믿었으므로 말하였다 한 것 같이 우리가 같은 믿음의 마음을 가졌으니 우리도 믿었으므로 또한 말하노라 주 예수를 다시 살리신 이가 예수와 함께 우리도 다시 살리사 너희와 함께 그 앞에 서게 하실 줄

을 아노라 이는 모든 것이 너희를 위함이니 많은 사람의 감사로 말미암아

은혜가 더하여 넘쳐서 하나님께 영광을 돌리게 하려 함이라 **고후 4:13-15**

여기서 반복적으로 사용되는 키워드는 '함께'라는 단어다. 14절에서 하나님은 '예수와 함께' 우리를 부활시키실 것이라고 한다. 그리고 '우리와 함께' 우리를 통하여 복음을 전해 받은 이들을 그 부활에 동참시키실 것이라고 한다.

그렇다. 모든 것이 연결되어 있다. 고난과 영광이 연결되어 있고, 죽음과 부활이 연결되어 있으며, 우리의 희생과 우리를 통해 복음을 전해 받은 이들의 영생이 연결되어 있다.

그러니 고난은 우리에게 허락된 '사역의 무기'라는 사실을 잊지 말자. 사망이 우리 안에서 역사할 때, 생명이 그들 안에서 역사하는 것이다!

우리의 희생을 통하여 세상이 살아나고, 우리의 아픔을 통하여 자녀가 소생되며, 우리의 고생을 통하여 교회가 회복되고, 우리의 눈물을 통하여 하나님나라가 확장된다. 이것이 하나님의 섭리다.

질그릇과 같은 우리에게는 어려움이 많다. 그러나 하나님은 이 "모든 것이 합력하여 선을" 이루게 하신다. 그 '선'이란 첫째는, '심히 큰 능력은 하나님께 있고 우리에게 있지 아니함을 알게 되는 것'이고, 둘째는 '예수의 죽음'을 몸에 짊어짐으로 '예수의 생명'이 나타나게 되는 것이다.

그럼 우리는 낡아져 가는 육신과 심해져 가는 박해 속에서 어떻게 해야 할까?

주님의 권면, 낙심하지 말라

그러므로 우리가 낙심하지 아니하노니 우리의 겉사람은 낡아지나 우리의 속사람은 날로 새로워지도다 우리가 잠시 받는 환난의 경한 것이 지극히 크고 영원한 영광의 중한 것을 우리에게 이루게 함이니 우리가 주목하는 것은 보이는 것이 아니요 보이지 않는 것이니 보이는 것은 잠깐이요 보이지 않는 것은 영원함이라 **고후 4:16-18**

주님의 권면은 너무나 명백하다.
'낙심하지 말라.'
이것은 육체적 한계로 인해 상심하지 말라는 뜻이다. 약해져 가는 육신으로 인해 주저앉지 말라는 뜻이다. 쇠하여 가는 몸으로 인해 포기하지 말라는 뜻이다.
눈이 잘 보이지 않게 되어도, 예전처럼 빠르게 달려가지 못하게 되어도, 예전과 같이 대범하게 다니지 못하게 되어도 낙심하지 말라는 의미다. 신체적 노화로 인해 고혈압, 뇌졸중, 심장병, 당뇨병, 관절염, 폐렴, 심지어 치매가 올지라도 걱정하지 말라고 말씀하고 계신 것이다.

사방이 막혀도 손가락이라도 움직일 수 있을 것이고, 그 손가락을 통하여 하나님의 나라는 확장될 것이기 때문이다. 모든 자원이 고갈되어도 하나님은 언제나 변함없이 우리의 모든 필요를 채우실 것이기 때문이다. 박해와 핍박과 미움을 받아도 하나님은 우리를 절대 버리지 않으실 것이기 때문이다. 그리고 우리가 나동그라져도, 우리는 다시 일어나 새로운 전투를 준비하게 될 것이기 때문이다.

더 나아가 우리의 고난은 오히려 생명을 탄생시키는 역사를 이룰 것이기에 낙심하지 말라고 말씀하신다. '예수의 죽음'을 통해 '예수의 생명'을 나타낼 수 있다는 것이다.

그리고 '예수의 생명'을 얻은 우리는 그 생명력을 발휘할 수 있게 된다. 우리를 통해 복음을 전해 받은 이들도 '예수의 생명'에 동참하게 되는 것이다.

현재의 고난이 장래의 영광을 이룬다

사도 바울은 우리가 낙심하지 않아도 되는 또 하나의 이유를 이렇게 소개한다.

"우리의 겉사람은 낡아지나 우리의 속사람은 날로 새로워지도다."

우리의 육신이 낡아질수록, 우리의 영혼은 매일 왕성해진다는 뜻이다. 육신이 자연적인 노화로 인하여 낡아지든, 박해를 비롯한 여러 가지 고난을 통하여 망가지든 한 가지 분명한 것은, 우리의 육신이 쇠할수록 우리의 영혼은 매일 왕성해져 간다는 것이다. 이러한 과정을 사도 바울은 17절에서 분명하게 정리해준다.

우리가 잠시 받는 환난의 경한 것이 지극히 크고 영원한 영광의 중한 것을 우리에게 이루게 함이니 고후 4:17

사도 바울은 우리가 낡아가는 과정을 "잠시 받는 환난의 경한 것"이라고 일컫고 있다. 누군가는 여기서 멈칫할 것이다. 경험하고 있는 고난이 '잠시 받는 것' 같지 않고, '가벼운 것' 같지도 않기 때문이다.

그런데 왜 성경은 '잠시 받는 가벼운 환난'이라고 소개하는 것일까? 사람에 따라 한평생 씨름해온 통증도 있고, 평생 짊어지고 있는 지병도 있으며, 온 생을 고생하게 한 장애도 있는데, 어떻게 그런 것을 '잠시 받는 가벼운 환난'이라고 소개할 수 있느냐는 것이다.

그러나 사도 바울이 우리의 현재의 고난을 이렇게 대수롭지 않게 취급할 수 있었던 이유는 "우리가 잠시 받는 환난의 경한 것이 지극히 크고 영원한 영광의 중한 것을 우리에게 이루게" 하기 때문이다! 우리의 '잠시 받는 가벼운 고난'이 '영원한 무거운 영광'을 이루어내고, 이 영광은 '지극히 크다'(that far outweighs them all, NIV)라고 한다. 즉, 장래의 영광에 비하면 현재의 고난은 정말 아무것도 아니라는 뜻이다. 그 영광에 비하면 현재의 고난은 티끌에 불과하다는 뜻이다.

현재의 고난은 장래의 영광을 이루어내는 것이다. 주님을 섬기며 건강으로 고생하는 만큼 그날의 영광은 남다를 것이고, 복음을 위하여 헌신하며 물질로 고생하는 만큼 그날의 영광은 남다를 것이며, 하나님나라의 확장을 위해 일하며 박해를 받은 만큼 그날의 영광은 남다를 것이다.

우리는 고난을 어떻게 바라보고 해석하고 있는가? 육신과 인생과 세상의 렌즈로 고난을 바라보면 도저히 이해할 수도, 납득할 수도 없다. 그러나 주님과 영생과 하나님의 나라를 렌즈로 삼는다면, 우리는 낙심하지 않는다.

비록, 고난이 30년 간다 할지라도
비록, 고난이 50년 간다 할지라도
아니, 비록 고난이 한평생 이어지고,
결국 고난 가운데 삶이 끝난다 할지라도!

받았던 고난만큼 얻게 될 영광이 위대해지기 때문이다. 이제는 눈에 보이는 것으로 고난을 해석하지 말자. 눈에 보이지 않는 것으로 고난을 해석하기 바란다. 그래서 열방을 위한 종으로, 불멸의 복음을 전하는 불멸의 전파자로 일어나기를 바란다.

우리가 주목하는 것은 보이는 것이 아니요 보이지 않는 것이니 보이는 것은 잠깐이요 보이지 않는 것은 영원함이라 **고후 4:18**

로마서 8:26-30

26 이와 같이 성령도 우리의 연약함을 도우시나니 우리는 마땅히 기도할 바를 알지 못하나 오직 성령이 말할 수 없는 탄식으로 우리를 위하여 친히 간구하시느니라 27 마음을 살피시는 이가 성령의 생각을 아시나니 이는 성령이 하나님의 뜻대로 성도를 위하여 간구하심이니라 28 우리가 알거니와 하나님을 사랑하는 자 곧 그의 뜻대로 부르심을 입은 자들에게는 모든 것이 합력하여 선을 이루느니라 29 하나님이 미리 아신 자들을 또한 그 아들의 형상을 본받게 하기 위하여 미리 정하셨으니 이는 그로 많은 형제 중에서 맏아들이 되게 하려 하심이니라 30 또 미리 정하신 그들을 또한 부르시고 부르신 그들을 또한 의롭다 하시고 의롭다 하신 그들을 또한 영화롭게 하셨느니라

연약한 자리에서
영광의 현장으로

나를 향한 주님의 사랑은 언제나 변함없다. 순수하고 순진했던 어린 시절이나, 넘어짐과 쓰러짐을 거듭하며 어른이 되었을 때나, 신앙의 높은 경지를 누릴 때나, 믿음이 바닥을 치고 땅에 곤두박질칠 때나 나를 바라보는 주님의 사랑의 눈빛은 언제나 동일하다. 믿음의 전투를 용맹스럽게 싸워낼 때나, 영적으로 다쳐서 신음할 때나 나를 만지시는 주님의 손길은 언제나 친절하고 부드럽고 따뜻하다. 비록, 우리가 이런 주님의 사랑을 너무나 자주 잊고 지내도 말이다.

이것이 복음이다. 그리고 이 복음이 우리의 소망이다. 더 나아가, 이 복음이 우리의 능력이다.

로마서 8장 26-30절에서 사도 바울은 우리에게 이 복음에 대해 정리하여 소개해준다. 혹시 우리 안에서 복음이 희미해지고 있다면, 이 말씀에 귀를 기울이자. 혹시 우리 안에서 복음에 대한 명료함이 사라지고 복잡해지고 있다면, 마음 문을 활짝 열고 이 말씀을 가슴

벅차게 영접하고 믿기를 바란다. 그러면 복음이 우리에게 소망과 능력이 될 것이다.

현재의 고난을 이기는 또 하나의 능력

이와 같이 성령도 우리의 연약함을 도우시나니 우리는 마땅히 기도할 바를 알지 못하나 오직 성령이 말할 수 없는 탄식으로 우리를 위하여 친히 간구하시느니라 마음을 살피시는 이가 성령의 생각을 아시나니 이는 성령이 하나님의 뜻대로 성도를 위하여 간구하심이니라 우리가 알거니와 하나님을 사랑하는 자 곧 그의 뜻대로 부르심을 입은 자들에게는 모든 것이 합력하여 선을 이루느니라 **롬 8:26-28**

본문에서 사도 바울은 "이와 같이"라는 표현으로 우리의 관심을 이전에 기록된 내용으로 이끈다. 어떤 내용인가?

로마서 8장 18절에서 바울은 "현재의 고난"에 대해 언급한다. "현재의 고난" 안에는 우리가 육신을 입고 있는 동안 경험하게 되는 모든 어려움과 역경과 아픔이 포함되어 있다. 가난과 질병, 노화와 이별, 좌절과 굶주림, 그리고 죽음 말이다. 또한 우리가 그리스도를 위해 겪게 되는 핍박과 박해, 수치와 순교도 포함되어 있다.

사도 바울은 그러나 이러한 현재의 고난은 "장차 우리에게 나타날 영광"과 비교할 수 없다고 선언한다. 이것이 예수 그리스도 안에 있는 우리의 소망이다. 소망은 어떤 개념이 아니라 능력이다. 최악의 상황에서도 견뎌내게 하는 힘이다.

1절부터 25절에 이르기까지 이 소망에 대해 설명한 바울은, 26절에서부터 하나님의 백성에게 허락된 또 하나의 능력을 소개하기 시작한다. 즉, "현재의 고난"을 이길 수 있게 해주는 또 하나의 능력이 있는데, 바로 성령 하나님이시란 것이다.

26절에 보면, "성령도 우리의 연약함을 도우시나니"라고 한다. NIV를 비롯한 영어성경 다수의 역본에서 이 부분을 "the Spirit helps us in our weakness"라고 번역했는데, 이를 한국어로 직역하면 '우리의 연약함 속에서 성령님이 우리를 도우시나니' 또는 '우리가 연약할 때 성령님이 우리를 도우시나니'라는 뜻이다. 그런데 이 번역은 잘못되었다. 원어를 보면 전치사 'in'이 없기 때문이다.

'우리가 연약할 때 성령님이 우리를 도우신다'라는 표현은, 우리는 강할 때도 있지만 연약할 때도 있고, 강한 점도 있지만 약한 점도 있다는 잘못된 인상을 심어준다. 이것은 사도 바울이 전하고자 했던 메시지가 아니다. 우리는 언제나 연약하다. 그리고 우리는 모든 부분에서 부족하다.

이런 우리를 성령께서 도우신다! 여기서 '돕다'라는 단어는 '어떠한 큰 짐을 함께 짊어지다'라는 표현이다. 즉, 성령께서 언제나 연약하고 모든 부분에서 부족한 우리와 함께 인생을 짊어져 주신다는 뜻이다.

그렇다면 성령님은 어떻게 우리와 함께 인생의 짐을 짊어져주시는가?

우리의 기도를 도와주신다

> … 우리는 마땅히 기도할 바를 알지 못하나 오직 성령이 말할 수 없는 탄식으로 우리를 위하여 친히 간구하시느니라 롬 8:26

인생의 수고를 참을 수 있도록 해주는 인내의 원천은 기도다. 인생의 상처를 납득할 수 있도록 해주는 해답의 원천은 기도다. 인생의 숨 막히는 순간순간을 잘 살아낼 수 있도록 생기를 불어넣어 주는 원천 역시 기도다.

문제는, 우리가 어떻게 기도해야 하는지를 잘 모르고 있다는 점이다. 이는 우리가 유창한 언변으로 기도하지 못한다는 뜻이 아니다. 우리의 기도제목이 불분명하다는 뜻도 아니다. 이는 우리가 하나님의 생각과 계획에 일치하는 기도를 드리지 못한다는 뜻이다. 여기에는 두 가지 원인이 있다.

첫째는 미래를 알지 못하기 때문이다. 우리가 과거, 현재, 미래에 대한 지식이 완전했더라면 우리의 기도는 하나님의 생각과 계획에 일치하기 시작했을 것이다.

둘째는 우리에게 무엇이 가장 좋은 것인지 분별할 수 있는 기준이 없기 때문이다. 우리에게 진정 필요한 것, 진정 소중한 것, 진정 존귀한 것을 분별하는 온전한 기준이 없기에 엉뚱한 기도를 드리는 경우가 너무 많다.

그런데 성령께는 과거, 현재, 미래가 없으시다. 성령님은 시간을 초월한 무소부재(無所不在)하신 분이다. 따라서 현재 우리의 연약한 모습뿐만 아니라, 장래 우리의 영광스러운 모습도 동시에 보시는 분이다. 또 성령님의 생각과 계획은 하나님과 같다. 그래서 성령님이 하나님의 뜻에 일치하는 기도를 우리 대신 드리시는 것이다.

… 이는 성령이 하나님의 뜻대로 성도를 위하여 간구하심이니라 **롬 8:27**

비록 우리의 기도가 세상적이고, 부분적이고, 물질적이고, 이기적이고, 편협되어 있다고 해도, 성령님이 우리의 기도를 완성해주신다. 그리고 그 기도의 응답으로, 우리는 이 땅에서 고난을 참고, 역경을 견뎌내고, 문제를 감당하고, 경주를 이겨내며 모든 상황 속에서 인내하는 힘을 허락받게 되는 것이다.

단, 여기에는 한 가지 전제조건이 따른다. "하나님을 사랑하는 자 곧 그의 뜻대로 부르심을 입은 자들"에게만 "모든 것이 합력하여 선을" 이루게 된다는 사실이다. 즉, 이것은 하나님의 백성, 곧 주님의 자녀요 참된 성도들에게만 국한된 특권이라는 뜻이다.

성령님이 우리의 기도를 도우시는 이유

"하나님을 사랑하는 자 곧 그의 뜻대로 부르심을 입은 자들"에게 는 "모든 것이 합력하여 선을" 이루도록 성령께서 기도로 도우시는 이유를 에베소서 1장 13,14절에서 찾아볼 수 있다.

> 그 안에서 너희도 진리의 말씀 곧 너희의 구원의 복음을 듣고 그 안에서
> 또한 믿어 약속의 성령으로 인치심을 받았으니 이는 우리 기업의 보증이
> 되사 그 얻으신 것을 속량하시고 그의 영광을 찬송하게 하려 하심이라
> 엡 1:13,14

하나님의 백성은 성령의 인치심을 받았다. 성령님이 주님의 자녀 에게는 언젠가 허락받을 기업의 보증(deposit)이 되신다. 그래서 성 령님은 참된 성도를 온전히 속량하여 하나님의 영광을 찬송하게 하 는 임무를 맡으신 것이다.

우리의 관심은 우리 눈앞에 있는 것들에만 머물러 있는 경우가 많 다. 그러나 우리 인생을 향한 하나님의 뜻은 우리를 "속량하시고 그의 영광을 찬송하게 하려 하심"에 있다. 이것을 이루어내기 위해 우리를 성령으로 인치셨다. 그래서 이 거룩한 목적을 기준으로 우리

안에 계신 성령님이 우리를 도우시는 것이다. 특히 이것을 기준으로 성령님이 우리를 대신하여 기도하신다는 것이다. 그러므로 연약한 우리에게 성령님이 얼마나 큰 도움이신지는 절대 측량할 수가 없다.

하나님은 성령님을 통해 우리의 연약함을 도우신다. 우리의 있는 모습 그대로, 연약함 그대로를 하나님은 사랑하신다. 그러나 여기서 오해는 하지 말아야 한다. 거룩한 하나님은 우리의 죄와 악함과 더러움을 무시한 채 그냥 사랑하시는 분이 아니다. 우리의 못난 모습과 그릇된 삶을 그대로 사랑하시는 분이 아니다. 하나님은 예수 그리스도의 희생으로 흘리신 보혈로 우리의 죄와 악함과 더러움을 덮으셨다. 그리고 우리의 못난 모습과 그릇된 삶을 성령의 말할 수 없는 탄식의 기도로 거룩하게 변화시켜나가시는 것이다.

우리의 연약함을 도우시는 하나님께로 돌아가자. 우리의 연약함을 도우시는 성령님을 인정하고 의지하며 따라가자.

우리는 하나님의 정하심 안에 있다

그렇다면 성령께서 하나님의 뜻을 받들어, 어떻게 모든 것을 합력하여 선을 이루어가시는지를 살펴보자.

하나님이 미리 아신 자들을 또한 그 아들의 형상을 본받게 하기 위하여 미리 정하셨으니 이는 그로 많은 형제 중에서 맏아들이 되게 하려 하심이 하나님은 미리 아심을 따라 자신의 백성을 선택하셨다. 우리를 미리 아셨다고 하는 것은, 우리의 연약함과 부족함, 약점과 한계까지도 이미 보셨다는 뜻이다. 우리가 어디서 넘어지는지, 어떻게 넘어지는지, 얼마나 자주 넘어지는지, 얼마나 심하게 넘어지는지, 그리고 무엇이 우리를 다시 일어서게 하는지까지 전부 아신다.

하나님은 우리의 연약함을 미리 아셨으면서 왜 우리를 선택하신 것일까? 배반할 것을 아시면서 왜 우리를 부르신 것일까? 실족할 것을 아시면서 왜 우리에게 관심을 쏟으신 것일까? 받은 은혜만큼 살아내지 못할 것을 아시면서 왜 우리에게 변함없는 사랑을 퍼붓고 계신 것일까?

주님은 우리의 현재 모습을 뛰어넘어, 우리 장래의 모습도 미리 보셨기 때문이다.

하나님이 미리 아신 자들을 또한 그 아들의 형상을 본받게 하기 위하여… **롬** 8:29

이 말씀, 언젠가 우리를 예수 그리스도를 닮은 존재로 결단코 만들어 내시겠다는 뜻이다. 거룩한 존재로 완성하시겠다는 뜻이다.

이 엄청난 과제를 어떻게 이루시는 것일까?

…그 아들의 형상을 본받게 하기 위하여 미리 정하셨으니… **롬 8:29**

이때 '미리 정하다'는 영어성경에 'predestined'(예정되었다)라고 번역되어 있는데, 원어로는 '미리'라는 단어와 '무엇을 제한된 구역에 배치시키다'란 두 단어가 합쳐진 합성어다. 즉, 하나님께서 '미리 정하셨다'라는 것은 우리가 목적지를 향하여 나아갈 수밖에 없도록 우리 인생의 여정을 엄격하게 줄로 재어주셨다는 뜻이다.

그 목적지가 어디인가?

"그 아들의 형상을 본받게 하기 위하여!"

바로, 이 목적을 이루기 위해 우리가 목적지를 향해 나아갈 수밖에 없도록 우리의 삶을 엄선된 구역에 심어놓으셨다는 말이다.

많은 이들이 삶에 닥치는 갖가지 현실 앞에서 '왜 이런 가정에 태어나게 하셨나요? 왜 내게 이런 장애가 있나요? 왜 이런 사고가 일어나게 하셨나요? 왜 이런 환경에 처하게 하셨나요? 왜 이런 상처를 허락하셨나요?'라고 울부짖고 고통스러운 의문을 품는다. 다시 한번 얘기하겠다. 바로 다음과 같은 목적을 위해서다.

"그 아들의 형상을 본받게 하기 위하여 미리 정하셨으니!"

우리의 길을 여닫으심도 여기에 달렸다. 우리의 간구를 응답하심과 거절하심도 여기에 달린 것이다.

택하신 이들을 영화롭게 하신다

주님을 사랑하는가? 주님을 사랑한다고 감히 고백할 수 있는가? 우리 같은 죄인이 감히 하나님을 사랑한다고 고백할 수 있다는 것은, 하나님께서 우리를 부르셨다는 증거다. 주님이 부르시지 않은 이상, 그 누구도 주님께 나올 수 없다.

더하여 주께서 우리를 부르셨다면, 우리의 삶을 미리 정하셨다는 사실을 알기 바란다. 그분이 우리를 부르셨다면 우리의 삶이 그분의 맏아들의 형상을 닮아야 한다는 분명한 목적을 향해 나아가고 있다는 사실을 명심해야 한다.

주님은 미리 아심을 따라 자기 백성을 선택하셨다. 주님은 선택하신 이들이 예수 그리스도를 닮기를 원하셨다. 그래서 선택하신 이들을 부르시고, 부르신 이들의 인생길의 범위를 정하신 것이다.

그리고 부르신 이들을 의롭다 하시며 또한 영화롭게 하셨다.

또 미리 정하신 그들을 또한 부르시고 부르신 그들을 또한 의롭다 하시고 의롭다 하신 그들을 또한 영화롭게 하셨느니라 롬 8:30

십자가 위에서 시작된 구속의 역사를 우리 삶에서 완성된 성화의 열매로 장식하셨다는 뜻이다. 중요한 것은 여기서 사용되고 있는 "의롭다 하시고"와 "영화롭게 하셨느니라"가 모두 완성형으로 기록되어 있다는 점이다.

앞서 말했듯, 우리는 미래를 알 수 없다. 시간이 제한된 공간에서 바로 눈앞의 현재 외에는 살 수 없는 것이 우리의 현실이다. 하지만 하나님은 영원하신 분이다. 시간의 속박을 받지 않으신다. 그러므로 하나님은 오늘 우리의 현재를 보심과 동시에 우리의 미래도 보고 계신다. 미완성된 우리를 보심과 동시에 영화로워진 우리 또한 보고 계신다. 이는 우리에게는 아직 이루어지지 않은 사건이지만, 하나님께는 이미 이루어진 현실이라는 뜻이다.

그러므로 이제 우리는 과거와 현재의 현실을 납득해야 한다. 만만치 않았던 우리의 지난 세월 동안, 작은 사건 하나까지도 하나님의 미리 아심과 미리 정하신 바 안에 있었다.

그리고 우리 미래에 대해서도 확신을 가져야 한다. 우리가 보기엔 미래가 여전히 까마득한 것 같아도, 하나님은 우리의 완성된 미래를 이미 보고 계신다!

주님은 신실하시기에,

모든 것을 합력하여

우리를 예수 그리스도를 닮은 작품으로

만들어 내실 것이다!

에스겔서 47:1-12

1 그가 나를 데리고 성전 문에 이르시니 성전의 앞면이 동쪽을 향하였
는데 그 문지방 밑에서 물이 나와 동쪽으로 흐르다가 성전 오른쪽 제
단 남쪽으로 흘러 내리더라 2 그가 또 나를 데리고 북문으로 나가서
바깥 길로 꺾여 동쪽을 향한 바깥 문에 이르시기로 본즉 물이 그 오른
쪽에서 스며 나오더라 3 그 사람이 손에 줄을 잡고 동쪽으로 나아가며
천 척을 측량한 후에 내게 그 물을 건너게 하시니 물이 발목에 오르더
니 4 다시 천 척을 측량하고 내게 물을 건너게 하시니 물이 무릎에 오
르고 다시 천 척을 측량하고 내게 물을 건너게 하시니 물이 허리에 오
르고 … 9 이 강물이 이르는 곳마다 번성하는 모든 생물이 살고 또 고
기가 심히 많으리니 이 물이 흘러 들어가므로 바닷물이 되살아나겠고
이 강이 이르는 각처에 모든 것이 살 것이며 … 12 강 좌우 가에는 각
종 먹을 과실나무가 자라서 그 잎이 시들지 아니하며 열매가 끊이지
아니하고 달마다 새 열매를 맺으리니 그 물이 성소를 통하여 나옴이라
그 열매는 먹을 만하고 그 잎사귀는 약 재료가 되리라

chapter

03

주님의 물결

지금까지 우리는, 우리의 연약함과 부족함과 실패와 패배를 어떻게 딛고 일어날 수 있는지 살펴보았다. 불멸의 전파자로 우리를 부르시는 주님의 음성을 들었다. 이제, 온 세상을 향해서도 새날을 약속하시는 주님의 말씀에 귀를 기울여보자.

에스겔 선지자는 하나님이 보여주신 여러 가지 환상을 목격했다. 에스겔이 환상을 보는 장면은 이렇게 시작한다.

"내가 보니…"(겔 1:4).

그리고 에스겔은 한순간도 지체하지 않고 즉시 자신이 본 환상을 소개하기 시작한다. 하나님은 "내가 보니"로 막을 연 에스겔서의 환상을 통해 자신의 경영을 구체적으로 계시하신다. 그 계시의 내용은 자기 백성을 향한 책망과 심판, 재앙과 환난, 용서와 구원, 소망과 회복이다.

주님의 눈으로 볼 때 소망이 보인다

무엇을 바라보고 사는가는 매우 중요하다. 다가오는 환난과 고난 앞에서, 숨 막히는 현실 속에서, 그리고 막막한 문제 앞에서 우리가 무엇을 바라보고 사느냐에 따라 얼마나 견뎌낼 수 있는지가 정해지기 때문이다. 그래서 사도 요한에게 마지막 날에 대해 알리실 때, 주님은 그를 이렇게 초대하시지 않았는가?

> …나팔 소리 같은 그 음성이 이르되 이리로 올라오라 이후에 마땅히 일어날 일들을 내가 네게 보이리라 하시더라 계 4:1

높은 곳에 이르러 전체를 보고 나면 주님의 책망과 심판, 재앙과 환난만 보이는 것이 아니라, 주님의 용서와 구원, 소망과 회복도 발견할 수 있다. 그래서 참을 수 있고 인내할 수 있고 견뎌낼 수 있는 것이다.

지금 우리가 사는 시대는 이런 관점이 특별히 강력하게 요구된다. 주님의 눈으로 모든 것을 바라보지 않으면, 도무지 이해가 안 되는 것들 천지이기 때문이다. 이런 혼란과 불확신은 우리 안에 무기력과 좌절, 우울과 불안 그리고 패배 의식을 초래한다. 우리는 주님의 약속을 다시금 마음에 새겨야 한다. 주님의 신실하심을 기억하며 주님의 돌보심을 의지해야 한다.

에스겔서 47장 1-12절은 이런 소망을 우리 안에 심어준다. 여기서 선포되는 주님의 음성은 바로 이것이다.

"주의 영광을 회복하라! 그가 이 땅을 덮으시리라!"

본문의 환상이 어떻게 이 음성을 선포하고 있는지, 그 내용을 조금 더 구체적으로 살펴보기 위해 에스겔이 본 환상을 크게 세 부분으로 나누어 '물결의 근원, 물결의 변화, 물결의 사역'의 측면에서 생각해보기 원한다.

물결의 근원 - 하나님의 성전

본문에 기록된 에스겔의 환상을 보면, 하나님의 성전에서 물이 흘러나와 열방을 살리고 고친다. 그 생명과 치유의 물결의 근원에 대해 에스겔은 이렇게 말한다.

> 그가 나를 데리고 성전 문에 이르시니 성전의 앞면이 동쪽을 향하였는데 그 문지방 밑에서 물이 나와… 겔 47:1

열방을 살리고 고치는 이 물결의 근원은 하나님의 성전이다. 그렇다면 여기서 말하는 하나님의 성전은 어디인가?

예루살렘 성전이 물결의 근원인가?

이 말씀을 접하는 이스라엘 백성은 가장 먼저 예루살렘 성전을 떠올렸을 것이다. 하지만 조금만 더 신중하게 주님의 말씀을 살펴보면, 그것이 예루살렘 성전을 가리키는 게 아니란 사실을 확인할수 있다.

하나님께서는 새로운 성전을 세우시겠다고 말씀하셨다. 이는 에스겔서 40-46장에 구체적으로 기록된 내용이다. 여기서 보면, 주님이 약속하신 성전은 역사 속에서 재건된 예루살렘 성전과는 다른 것임을 확인할 수 있다.

바벨론제국의 침략으로 첫 번째 성전인 솔로몬 성전이 파괴되었다. 이는 기원전 516년에 재건되었으며, 흔히 이것을 제2성전이라고부른다. 제2성전은 오랜 포로 생활을 마치고 귀환한 백성들이 세운건축물이었기에, 많이 소박하고 부족했음을 여러 역사 기록을 통해알 수 있다. 이 성전 역시 서기 70년에 로마제국으로 인해 결국 파괴되었다.

에스겔서 40-46장에서 말씀하시는 성전이 예루살렘 제2성전이아님을 확인할 수 있는 데에는 여러 이유가 있지만, 분명한 근거 두가지만 살펴보자.

첫 번째 근거는, 제2성전은 파괴되었지만, 주님이 약속하신 성전은 영원하다는 사실이다.

내 성소가 영원토록 그들 가운데에 있으리니 내가 이스라엘을 거룩하게하는 여호와인 줄을 열국이 알리라 하셨다 하라 **겔 37:28**

이는 주님이 세우시는 성전은 영원토록 파괴되지 않는다는 의미로, 따라서 주님의 영광도 주님의 백성을 떠날 일이 영원토록 없을 것이라는 뜻이다. 그 성전이 백성들 가운데 존재하는 한, 주님의 임재도 그들과 언제까지나 함께할 것이다.

또 다른 근거는, 앞에서 언급했듯이 제2성전은 포로 생활을 마치고 귀환한 자들을 통해 건축되었기에, 솔로몬 성전에 비해 여러 면에서 많이 부족했다는 사실이다. 하지만 에스겔서 40-46장에서 주님이 허락하시는 성전은 솔로몬의 성전보다도 거대하고 화려하고 아름답다. 제물을 준비하는 방들과 제사장들이 거하는 거처에 대한 언급뿐만 아니라 다시 제사를 드리는 방법과 절기를 지키는 방식도 구체적으로 기록되어 있다. 어떻게 보면, 레위기 위에 새롭게 덮어쓰는 듯한 인상을 주기도 한다. 그만큼 성경에서 언급하는 하나님의 성전은 예루살렘 제2성전과 비교할 수 없을 만큼 웅장하게 그려지고 있다.

교회가 물결의 근원인가?

둘째로, 이 말씀의 '성전'을 '교회'로 받아들이는 성도들도 있을 것이다. 정확히 말하면 '교회 건물'을 떠올리는 것이다. 그러나 이 또한 잘못된 해석이다. 우선 교회 건물을 가리키는 이름은 '성전'이 아니라 예배당, 예배실, 채플(chapel) 등의 표현이다. 교회는 건물이 아니다. 교회는 구원받은 성도들의 모임이다.

사도 바울은 고린도교회 성도들에게 편지를 보내면서 다음과 같은 표현을 사용했다.

> 아시아의 교회들이 너희에게 문안하고 아굴라와 브리스가와 그 집에 있는 교회가 주 안에서 너희에게 간절히 문안하고 **고전 16:19**

'그 집'이 교회라고 하지 않는다. '그 집(안)에 있는 교회'라고 확실하게 표현하고 있다. 따라서 '하나님의 성전'을 교회 건물이라고 보긴 어렵다.

주님의 영광이 가득한 곳

그렇다면 열방을 살리고 치유하는 물결의 근원인 성전은 도대체 무엇을 가리키는 것인가? 예루살렘 제2성전도 아니요, 오늘날의 교회 건물도 아니라면, 참된 성전은 어디에서 찾을 수 있는가?

이 질문에 대한 답은 차차 알아가겠지만, 한 가지는 분명하다. 주님이 세우시는 성전에 나타나는 부인할 수 없는 한 가지 현실이 있는데, 바로 주님의 영광이 임하고 있다는 사실이다.

에스겔서 10장을 보면, 주님의 영광이 예루살렘 성전을 떠나시는 장면이 그려진다. 그러나 에스겔서 43장을 보면, 주님이 세우시는 새로운 성전에 주님의 영광이 강림하신다.

이스라엘 하나님의 영광이 동쪽에서부터 오는데 하나님의 음성이 많은 물 소리 같고 땅은 그 영광으로 말미암아 빛나니 그 모양이 내가 본 환상 곧 전에 성읍을 멸하러 올 때에 보던 환상 같고 그발 강 가에서 보던 환상과도 같기로 내가 곧 얼굴을 땅에 대고 엎드렸더니 여호와의 영광이 동문을 통하여 성전으로 들어가고 영이 나를 들어 데리고 안뜰에 들어가시기로 내가 보니 여호와의 영광이 성전에 가득하더라 겔 43:2-5

성전의 현실을 한마디로 명료하게 정리한다면, 주님의 영광으로 가득 찬 현장인 것이다. 이 현실에서 흘러나오는 것이 주님의 영향력, 곧 주님의 물결이다.

한 방울씩, 끊임없이 스며 나오는 물

특히 에스겔서 47장 2절에 물이 '스며 나와'라고 번역되어 있는데, 이것은 원어로 작은 분량의 물을 의미하는 것으로, '한 방울 한 방울씩'이라는 표현과 흡사하다. 비록 한 방울 한 방울 흘러나오는 물이지만, 성전을 중심으로 한 채 사방으로 흘러나오고 있다는 사실을 우리는 인지해야 한다.

에스겔은 처음에 동쪽을 향하는 성전의 앞면 문지방 밑에서 물이 흘러나오는 것을 목격했다. 그리고 그 물줄기가 동쪽으로 흐르다가 곧 방향을 전환해서 제단 남쪽으로 흐르기 시작했다고 기록하고 있다. 에스겔이 북문으로 가서 보니, 그곳에서도 물이 스며 나오고 있었다.

얼핏 보기에는 한 방울씩 흐르는 물줄기이기에 대수롭지 않게 생각할 수도 있다. 그러나 성전을 중심으로 다각도에서 그 주변을 확인해 보니, 심상치 않은 물의 근원인 것이 분명해진 것이다.

어머니가 운영하시는 카페 '레드도어'를 처음 오픈했을 때의 작은 사건 하나가 기억난다. 카페를 오픈한 지 얼마 안 되었을 때, 주방에서 물이 새기 시작했다. 어디서 새는지 확인하려고 해도 쉽지 않았다. 그러다 조금씩 시간이 지나면서 그 작은 물줄기가 서서히 변해서 물이 터져 나오기 시작하더니, 순식간에 카페가 물바다가 되었다.

비록 일차적으로 눈에 보이는 것이 졸졸 흐르는 작은 물줄기라고 해도, 그것이 어디서부터 흘러나오고 있는지를 살펴봐야 한다. 그리고 그 물줄기가 멈추지 않고 얼마나 사방으로 퍼지고 있는지를 봐야 하는 것이다.

성전 문지방 밑에서 스며 나오는 물은, 끊이지 않고 계속 흘러나오고 있다. 어느 정도 스며 나오다가 멈추는 것이 아니었다. 즉, 성전 문 뒤에서는 이미 물이 차고 넘치고 있다는 사실을 암시해주는 것이다. 성전 내부는 주님의 영광으로 채워질 만큼 채워져서 이제는 그 축복의 강물이 성전 밖으로 스며 나오기 시작했다는 뜻이다.

세상은 이러한 물결을 기다리고 있다. 누군가 오셔서 우리를 구원해주기를 기다리고 있다. 누군가 오서서 모든 아픔과 상처와 저주를 씻어내려 주기를 갈망하고 있다. 누군가 오서서 더러운 죄와 죄책감과 죄로 인한 두려움을 해결해주기를 바라고 있다. 누군가 오서서 메말라 죽어버린 이 땅을 고쳐주기를 간절히 소원하고 있다.

에스겔서 47장 1-12절 말씀은 그러한 기다림에 대한 해결책을 약속하고 있다. 주님의 물결이 이 땅을 덮게 되면, 이 땅은 다시 살아날 것이고 치유될 것이다. 주님의 물결이 우리의 교회를 새롭게 할 것이다. 주님의 물결이 우리의 가정을 치유하고, 이 지역사회와 나라와 열방을 온전하게 할 것이다.

이 물결은 주님의 영광에서부터 시작된다. 주님의 임재에서부터 출발하는 것이다. 그러니 부흥을 바라기 전에, 주님의 얼굴을 찾아야 한다. 충분히 주님의 발 앞에 앉아 있어야 한다. 어떠한 성공과 해결을 추구하기 전에, 주님을 향한 목마름으로 씨름해야 한다.

참된 영적 치유와 성장과 변화와 축복과 새롭게 됨은 주님을 떠나서는 절대로 이루어질 수 없다. 주님의 영광과 임재가 돌아오지 않는 한, 새로운 생명력은 절대로 발휘될 수 없다.

물결의 변화

그 사람이 손에 줄을 잡고 동쪽으로 나아가며 천 척을 측량한 후에 내게

그 물을 건너게 하시니 물이 발목에 오르더니 다시 천 척을 측량하고 내
게 물을 건너게 하시니 물이 무릎에 오르고 다시 천 척을 측량하고 내게
물을 건너게 하시니 물이 허리에 오르고 다시 천 척을 측량하시니 물이
내가 건너지 못할 강이 된지라 그 물이 가득하여 헤엄칠 만한 물이요 사
람이 능히 건너지 못할 강이더라 겔 47:3-5

주님의 영광에서 출발한 이 물결은 점점 멀리 흘러간다. 그런데 이
물결이 흘러가는 형태에서 몇 가지 변화의 양상을 관찰할 수 있다.

수심의 변화

첫째로는 수심의 변화다. 성전에서 스며 나오기 시작한 물줄기가
더 멀리 흘러가면서 수심이 점점 깊어지는 것을 볼 수 있다.

처음에는 그 물의 깊이가 발목에 올랐다. 장소를 옮겨 깊이를 측
정해보니, 이번에는 물이 무릎에 올랐다. 그리고 또 장소를 옮겨 확
인해보니, 이번에는 물이 허리에 올랐다. 마지막으로 장소를 옮겨
한 번 더 살펴보니, 이제는 건너지 못할 강이 되었다고 한다. 수심
이 계속 깊어진 것이다.

이렇듯 주님은 예나 지금이나 점진적으로 일하시는 분이다. 주님
의 역사가 처음에는 미약한 물줄기 정도로 보일 수 있지만, 그 물줄
기는 결국 큰 강을 이루게 되어 있다.

하나님의 나라는 겨자씨 같은 작은 씨앗으로 우리 안에 심긴다.

그러나 결국, 많은 피조물이 와서 깃들이는 거대한 나무가 된다. 주님의 복음도 마찬가지다. 처음에는 몇몇 사람만이 복음을 받아들인다. 그러나 결국, 복음은 한 제국을 뒤집어 놓을 정도의 능력을 펼쳐낸다.

본문을 묵상하며 주님의 영광으로 나를 가득 채워야겠다는 결심을 하게 되었다. 주님의 임재와 그분의 얼굴과 그분과의 교제로 충만해져야겠다는 결심이다. 그렇게 되면 물이 흘러가게 될 것이다. 처음에는 작은 물줄기에 불과하겠지만, 서서히 발목까지 차오르고, 허리까지 차올라 금방 큰 강을 이룰 것이다. 그렇게 흐르는 물이 바다로 흘러가 바다의 수질을 변화시키기를 간절히 소망한다.

한 가지 기억할 것이 있다. 수심은 변해도 근원은 동일하다는 사실이다. 수심의 깊이가 어떤지에만 관심을 기울이느라 그 물줄기의 근원이 어디인지 확인조차 하지 않는 오류를 범하고 있진 않은가? 사역의 표면적인 결과만 보고, 본질은 점검할 겨를도 없이 달려가기만 하고 있지는 않은가? 반대로, 너무 낮은 수심의 깊이에 실망하며 낙심하고 있지는 않은가? 그러나 중요한 것은 수심이 아니라 그 물줄기의 근원임을 기억하자.

사역은 그 열매로 평가받는 것이 아니라, 근원으로 평가받는다. 성경에서 말하는 '열매를 보고 평가한다는 것'은 사역의 결과를 두고 말씀하신 것이 아니라, 우리 안에 있는 성령의 열매를 가리켜 말씀하신 것이다.

물결의 방향

물결이 흘러가는 형태의 두 번째 변화의 양상은 물결의 방향의 변화다. 3절을 보면, 이 물결이 동쪽 문에서 출발하는 것을 볼 수 있다. 그리고 이 물결은 다양한 방향으로 흘러 퍼지게 된다.

복음도 이와 같이 전파되었던 사실을 기억하는가? 복음은 예루살렘에서 출발하여 아프리카, 유럽, 북중남미, 그리고 아시아를 지나 다시 중동 국가들을 향하여 나아가고 있다. 복음은 이렇게 서진하고 있으며, 주님의 물결은 더 강해지고 있다.

이스라엘이 경험한 부흥보다 유럽의 부흥이 더 거대했고, 유럽의 부흥보다 아메리카대륙의 부흥이 더 거대했으며, 한국과 중국을 비롯한 아시아 국가들 가운데 일어난 부흥은 그보다 더 거대했다. 그래서 이제 우리는 기대할 수 있는 것이다. 머지않아 주님의 물결이 중동 땅을 완전히 덮을 것인데, 이번에 일어나는 부흥은 지난 2천 년 동안의 기독교 역사가 경험해보지 못한 부흥이 될 것이다.

그렇기에 우리는 낙심해서는 안 된다. 주님의 물결은 지금도 파도치며 땅끝을 향해 나아가고 있다.

물결의 잣대

물결이 흘러가는 형태에서 목격할 수 있는 세 번째 양상은, 수심의 깊이를 측정하는 과정이 막연하게 진행된 것이 아니란 점이다. 수심을 측정하는 기준이 분명했다.

주님은 에스겔에게 천 척씩 줄로 측량하여 물의 수심을 확인하게 하셨다. 이때 '천 척'은 1천 규빗이라고 생각하면 되는데, 약 500미터 정도 된다.

주님은 엄격하게 천 척을 재어 그곳을 '수심 측정 위치'로 지정하셨다. 에스겔이 원하는 곳 아무데서나 대충 수심을 확인한 것이 아니다. 특히 그 천 척을 무엇으로 측량했다고 했는가? '주님의 손에 있는 줄'로 측량했다. 이것은 여러 예언서에서 발견할 수 있는 표현으로 우리에게도 익숙하다. 우리는 주님의 기준을 소개할 때 종종 주님의 잣대, 주님의 저울 혹은 주님의 줄이라는 표현을 사용한다.

그렇다면 주님의 기준은 무엇인가? 성경에서 주님의 기준은 추상적인 개념이 아니다. 주님의 말씀이 주님의 기준이기 때문이다. 즉, 주님의 말씀이 엄격한 잣대가 되어 나아갈 때 반드시 수심이 깊어지는 역사가 동반한다는 사실을 알려주는 내용이다.

주님의 말씀이 기준이 되지 못하고, 그 말씀의 엄격함을 타협해버리면서 순간적인 결과를 추구하게 되면, 결국 그 인생과 사역과 교회는 메말라버리게 된다. 반대로, 비록 더딜지라도, 성경의 표현대로 처음 성전 문지방 밑에서 한 방울 한 방울 스며 나오는 정도일지라도, 주님의 말씀이 기준이 되어 전진하면 반드시 수심은 깊어질 것이고, 주님의 물결은 거대한 강을 이루게 될 것이다.

건너지 못하는 강이 되리라

마지막 네 번째로 확인할 수 있는 물결 변화의 양상이 한 가지 더 있다. 우리는 본문에서, 처음 스며 나오던 정도의 물이 결국은 건너지 못하는 강이 되는 것을 목격할 수 있다.

> 다시 천 척을 측량하시니 물이 내가 건너지 못할 강이 된지라 그 물이 가득하여 헤엄칠 만한 물이요 사람이 능히 건너지 못할 강이더라 겔 47:5

즉, 주님의 경영과 질서와 나라에 그 누구도 맞서지 못하게 된다는 것이다.

세상은 지금까지 주님의 물결을 경히 여겼다. 세상은 세상 지식과 철학과 과학과 정부 방침과 진보적 트렌드로 참된 진리를 억압하고 핍박해왔다. 그러나 더 이상 그러한 인간의 교만이 통하지 않는 날이 올 것이다. "사람이 능히 건너지 못할 강"이 된다는 것이다.

이 강을 건널 수 있는 유일한 방법이 있다. 본문은 이 물이 "헤엄칠 만한 물"이라고 말하며 헤엄쳐서 건널 수 있다고 귀띔해주고 있다. '헤엄'은 물에 내 몸을 완전히 맡긴다는 뜻이다. 우리 자아와 의지와 경험과 지식은 통하지 않는다. 세상이 주님을 인정하는 날이 올 것이다. 그 주권 앞에 굴복하는 날이 반드시 올 것이다.

이것에 대해 성경 다른 곳에서는 이렇게 선포하고 있다.

이는 물이 바다를 덮음같이 여호와의 영광을 인정하는 것이 세상에 가득 함이니라 **합 2:14**

기록되었으되 주께서 이르시되 내가 살았노니 모든 무릎이 내게 꿇을 것 이요 모든 혀가 하나님께 자백하리라 하였느니라 **롬 14:11**

주님의 물결은 지금 이전보다 더 거세게 파도치고 있다는 사실을 기억하자. 주님의 나라는 지금도 전진하고 있다. 주님의 복음은 더 넓게 전파되고 있다. 주님의 영향력은 더 깊게 우리 안에 파고들고 있다.

물결의 사역

지금까지 물결의 근원과 그 흐름에 따라 형성되는 변화에 대해 살펴보았다. 이제 그 물결이 어떤 역사를 일으키는지, 그 사역에 대해 구체적으로 정리해보자.

작은 물줄기가 큰 강을 이루게 된 후, 주님은 이 강이 어디로 흘러가는지 알려주신다.

그가 내게 이르시되 이 물이 동쪽으로 향하여 흘러 아라바로 내려가서 바다에 이르리니 이 흘러 내리는 물로 그 바다의 물이 되살아나리라 **겔 47:8**

강이 흘러가는 첫 번째 장소는 아라바다. 아라바는 예루살렘 동남쪽에 위치한 광야로, 완전히 메마른 사막이다. 주님은 이러한 아라바를 주의 물결의 경유지로 가장 먼저 꼽으셨다.

지금 아라바와 같이 어렵고 힘든 자리에 서 있는가? 열매 맺기 어려운 환경에 처해 있는가? 외로운 땅, 완전히 메마른 현장에서 목마름에 괴로워하고 있는가? 이제 위로를 얻기 바란다. 주님의 관심사 우선 순위에 당신이 있다. 이제 주의 영이 부어질 때, 그곳에서부터 변화가 일어날 것이다. 주님의 임재가 회복될 때, 그곳에서부터 역사가 나타날 것이다.

아라바로 내려간 물결은 바다에 이를 것인데, 여기서 이 물결의 사역 한 가지가 더 목격된다. 그 물결로 인해 바다의 수질이 변화한다는 것이다.

…이 흘러 내리는 물로 그 바다의 물이 되살아나리라 **겔 47:8**

본문에서 말하는 아라바 주변의 바다는 '사해'(the Dead Sea)다. 말 그대로, 죽은 바다, 어떠한 생물도 살 수 없는 곳이다. 주님은 아무것도 살 수 없던 그 바다의 물이 되살아날 것이라고 약속하신다! 더 나아가, 그 물속에 생물이 살게 될 것이라고 말씀하신다.

이 강물이 이르는 곳마다 번성하는 모든 생물이 살고 또 고기가 심히 많이 모든 것이 주님의 임재로 시작된 사건이다. 주님의 영광에서 출발한 역사다. 처음에는 주님의 존전에서 조금씩 스며 나오는 듯한 작은 물줄기였다. 하지만 그 물은 곧 발목에 이르고 무릎에 이르고 허리에 이르러, 결국 사람이 건너지 못할 강을 이루었다. 그리고 그 강이 흐르는 광야가 살아나며 죽었던 바다가 되살아나게 되었다.

주님의 영광과 임재, 그분의 얼굴과 그분과의 교제가 우리 안에 회복되기만 한다면, 비록 처음에는 미약하게 보일지라도 결국 그 영향력은 죽어가는 이 땅을 살릴 것이다. 생명이 없는 교회들을 되살리고 소망이 끊긴 선교지를 변화시킬 것이다.

나는 이 환상을 나의 소망으로 붙잡았다. 그리고 기도로 그 소망을 붙들었다. 주님의 약속은 분명하고 확실하다.

엔게디는 사해의 가장 남부지역이고, 에네글라임은 사해의 가장 북부지역이다. 즉, 남쪽 끝에서 북쪽 끝까지라는 뜻이며, 이는 그 물결의 사역 안에는 어떤 예외도 없고, 제외도 없으며, 소외도 없다는 뜻이다. 주님의 물결로 반드시 살려낼 것이라는 주님의 약속이다. 그 물이 살아나자 어부들이 희망을 가지고 그곳에 모여들게 된다. 어부가 모여든다는 것은, 그곳이 황금어장으로 변화했다는 증거다.

…그 고기가 각기 종류를 따라 큰 바다의 고기같이 심히 많으려니와 겔 47:10

이런 날이 우리에게 올 것이다. 사람을 낚는 어부가 소망을 가지고 강가로 모여드는 날이 한국교회와 세계교회에 도래한다는 약속이다. 전도만 하면 결실이 맺히는 날이 다시 찾아온다는 뜻이다. 단, 주의 영광이 우리 안에 회복되기만 한다면 말이다.

주님의 손길은 모든 필요를 채운다

그런데 11절에서 참 희한한 내용을 발견할 수 있다.

그 진펄과 개펄은 되살아나지 못하고 소금 땅이 될 것이며 겔 47:11

얼핏 보기에는 주님의 강의 사역에도 한계가 있다고 생각할 수 있다. 그러나 자세히 들여다보면, 주님이 의도적으로 진펄과 개펄을 그대로 두신다는 것을 알 수 있다. 주님은 그것을 소금 땅으로 유지하신다고 말씀하신다. 그 이유는 소금도 필요하기 때문이다.

10절까지의 내용에서 살펴본 바에 따르면, 이제 물고기가 풍성하게 잡힐 텐데, 그러면 그 물고기를 먹기 위해 소금도 필요할 것이다. 소금만 필요한가? 과일과 야채도 필요하다. 그래서 주님은 12절에서 이렇게 약속하신다.

강 좌우 가에는 각종 먹을 과실나무가 자라서 그 잎이 시들지 아니하며 열매가 끊이지 아니하고 달마다 새 열매를 맺으리니… 겔 47:12

이것만 보아도 우리는 확신할 수 있다. 주님의 손길은 우리의 모든 필요를 채우실 것이다! 주님의 손길은 새로운 생명을 주시고 치유해주실 뿐만 아니라 우리의 모든 필요를 채우신다. 그리고 주님은 결국 열방을 치유하실 것이다.

…그 열매는 먹을 만하고 그 잎사귀는 약 재료가 되리라 겔 47:12

요한계시록 22장을 보면, 이 장면을 조금 더 구체적으로 언급한다.

…그 나무 잎사귀들은 만국을 치료하기 위하여 있더라 계 22:2

열방은 소망이 없다. 점점 더 아파하고 있다. 병든 사회, 병든 질서, 병든 정치, 병든 양심, 병든 마음, 병든 관계, 병든 기준, 병든 지성, 병든 세상이다. 또 얼마나 오랫동안 서로 죽이고, 해치고, 상처를 입혀왔는가? 이러한 인류의 운명적인 저주 아래서 우리를 건져낼 사람이 이 세상 어디에 있겠는가? 우리의 소망은 오직 하나밖에 없다.

···그 물이 성소를 통하여 나옴이라 ··· 겔 47:12

열방을 살리는 물, 열방을 치유하는 물, 열방을 풍성하게 하는 물이 성소를 통하여 나올 것이다. 다시 말해 주의 영광, 주의 임재, 주의 얼굴, 주님과의 교제, 주님 자신으로부터 나온다는 것이다.

우리 가운데 계신 주님의 성소

주님의 성소는 멀리 있지 않다. 주님의 성소로 들어가는 문은 여전히 우리를 향해 열려 있다. 설령, 교회의 문이 닫히고 교회 건물이 폐쇄된다고 할지라도, 주님의 성소로 나아가는 문은 결코 막을 수 없다. 주님의 백성이 주님의 임재 안으로 들어가려고 하는데, 그 누가 막겠는가? 그 성소로 가는 길을 막은 유일한 벽을 이미 2천 년 전에 예수 그리스도께서 허무셨다.

죄로 막혀 있던 이 벽을 예수님이 어떻게 무너뜨리셨던가? 주님은 헌 성전을 헐고, 사흘 만에 새로운 성전을 세우시겠다고 말씀하셨다. 이것은 예루살렘 성전이라는 건물을 헐고 다시 세우시겠다고 말씀하신 게 아니다. 주님 자신을 향하여 선포하신 예언이다.

실제로 우리 주님은 죽임당하시고 사흘 만에 부활하심으로써, 우리가 하나님께로 나아갈 수 있는 영원한 성전을 완성해주셨다. 그래서 성경은, 우리가 예수 그리스도 안에서 아버지 하나님의 영광의 보좌 앞으로 나아갈 담력을 얻었다고 증언한다.

예수 그리스도라는 성전은 멀리 있는 성전이 아니다. 예수님은 우리 가운데 계신다. 우리 가운데 영원한 성소가 되신 분이다. 우리에게 허락하신 성전의 이름은 임마누엘이다. 그분은 세상 끝날까지 우리와 함께하실 것이다. 그 무엇도 그 성전을 폐쇄할 수 없다.

이제,
우리는 주님의 영광을 되찾아야 한다.
주님의 임재를 향하여 갈망해야 한다.
주님의 얼굴을 향하여 목말라야 한다.
주님과의 교제를 위하여 생명을 걸어야 한다.
그러면 내 안에서 생수가 터져 나올 것이요,
나만 살리는 것이 아니라 나를 통하여 강을 이루고,
열방을 변화시킬 것이다.

PART

2

주 앞에 선 자,
사랑이 깊어지리라

누가복음 4:16-30

16 예수께서 그 자라나신 곳 나사렛에 이르사 안식일에 늘 하시던 대로 회당에 들어가사 성경을 읽으려고 서시매 … 22 그들이 다 그를 증언하고 그 입으로 나오는 바 은혜로운 말을 놀랍게 여겨 이르되 이 사람이 요셉의 아들이 아니냐 23 예수께서 그들에게 이르시되 너희가 반드시 의사야 너 자신을 고치라 하는 속담을 인용하여 내게 말하기를 우리가 들은 바 가버나움에서 행한 일을 네 고향 여기서도 행하라 하리라 24 또 이르시되 내가 진실로 너희에게 이르노니 선지자가 고향에서는 환영을 받는 자가 없느니라 … 28 회당에 있는 자들이 이것을 듣고 다 크게 화가 나서 29 일어나 동네 밖으로 쫓아내어 그 동네가 건설된 산 낭떠러지까지 끌고 가서 밀쳐 떨어뜨리고자 하되 30 예수께서 그들 가운데로 지나서 가시니라

chapter

04

주님이 오신 이유

주님은 왜 오셔야만 했는가? 주님은 왜 이 땅에 오셔서 고난의 길을 가셔야만 했는가? 주님은 왜 십자가를 지셔야만 했는가? 주님은 왜, 죽으셔야만 했는가?

이 질문들을 생각하다 보면, 주님이 감당하신 사명이 더 분명하고 생생하게 이해되기 시작한다. 그리고 주님의 사명이 선명해지면서 주님의 일을 방해하는 요소들 역시 선명해진다.

이제 이 내용을 살펴봄으로써 우리 삶에서 주님의 일을 방해하는 요소들을 제거하고, 주님이 우리에게 맡기시는 사명을 온 마음을 다해 환영하는 또 한 번의 결단이 일어나게 되기를 바란다.

나사렛에 오신 예수님

이제 살펴보려고 하는 누가복음 4장 16-30절은 주님이 이 땅에 오심과 주님이 당하신 고난, 주님이 맞으신 죽음과 주님이 이루신 부활, 그리고 주님이 주시는 사명을 잘 정리하고 있다.

주님은 공생애 사역을 시작하시면서 가장 먼저 자신의 출신지인 나사렛을 방문하셨다. 그리고 안식일에 그 동네의 회당 모임에 참석하셨다.

> 예수께서 그 자라나신 곳 나사렛에 이르사 안식일에 늘 하시던 대로 회당에 들어가사 성경을 읽으려고 서시매 눅 4:16

우리는 예수님의 어린 시절에 대해선 아는 것이 거의 없다. 우리가 유일하게 알 수 있는 정보는 누가복음 2장 41-52절에 기록된 내용뿐이다. 해당 말씀은 예수님이 열두 살 때 부모와 예루살렘을 방문했을 당시 일어난 사건을 다루고 있다. 성경은 그때의 이야기를 이렇게 마무리 짓는다.

> 예수는 지혜와 키가 자라가며 하나님과 사람에게 더욱 사랑스러워 가시더라 눅 2:52

이때부터 공생애 사역을 앞두고 광야에서 40일 금식하시는 순간까지, 약 18년이라는 짧지 않은 세월 동안 예수님이 어떻게 지내셨는지에 대해 성경은 침묵한다. 하지만 본문에 너무나 중요한 한 가지 사실이 기록되어 있다.

"늘 하시던 대로 회당에 들어가사…."

이것은, 예수님이 청소년기와 청년기를 어떻게 보내셨는지를 볼 수 있는 단서다. 당시 유대인 청년들은 매일 회당에 모여 함께 토라를 공부하고, 신학에 대한 깊은 토론을 나누며, 율법을 삶에 적용하고자 노력했다.

예수님도 예외가 아니셨다. 낮에는 아버지 일을 도와 목공의 일을 하시고, 저녁에는 회당에서 이와 같은 시간을 보내셨다. 주님은 늘 회당에 들어가서 가르치셨고, 토론하셨다. 이런 삶은 최소 18년간 주님께 매우 익숙한 일상이었다. 주님은 공생애 사역을 위한 준비를 끊임없이 해오신 것이다.

"…성경을 읽으려고 서시매."

주님은 회당에 들어가서 성경을 읽으려고 서셨다. 이는 당시 유대인 회당 문화에서 흔한 광경이다. 랍비가 한 사람을 지명하여 대표로 성경을 읽도록 하는데, 대개 그들은 훌륭한 사람을 지명했다. 따라서 이날 예수님이 "성경을 읽으려고" 서셨다는 것은 예수님이 오랜만에 돌아온 반가운 얼굴이요, 어렸을 때부터 모두에게 인정받는 존재로 살아오셨다는 사실을 증명하는 중요한 단서가 된다.

그리고 이렇게 등단하여 성경을 읽는 역할을 맡게 되면, 회당에서 지속적으로 읽어나가는 순서대로 낭독할 수도 있고, 아니면 낭독자 본인이 원하는 구절을 선택할 수도 있었다. 이날도 그랬을 것이다.

말씀을 수정하여 읽으신 예수님

주님은 사람들 앞에서 성경을 펼치고 읽기 시작하셨다.

선지자 이사야의 글을 드리거늘 책을 펴서 이렇게 기록된 데를 찾으시니 곧 주의 성령이 내게 임하셨으니 이는 가난한 자에게 복음을 전하게 하시려고 내게 기름을 부으시고 나를 보내사 포로 된 자에게 자유를, 눈 먼 자에게 다시 보게 함을 전파하며 눌린 자를 자유롭게 하고 주의 은혜의 해를 전파하게 하려 하심이라 하였더라 눅 4:17-19

그날 주님은 이사야서 61장 1,2절을 읽으셨다. 그런데 주님은 이사야서 본문을 있는 그대로 읽지 않으시고, 수정하여 읽으셨다. 구체적으로 어떤 차이가 있는지는 뒤에서 간략하게 살펴보기로 하자. 주님은 왜 말씀을 그대로 읽지 않으시고 수정하여 읽으셨을까? 여기에는 두 가지 이유가 있다.

첫째로 히브리어를 아람어로 동시통역하여 전달해야 했기 때문이다. 당시는 히브리어보다 아람어를 보편적으로 사용하고 있었다.

그래서 히브리어로 된 성경을 낭독할 때 동시 통역자가 번역하여 회중에게 전달했다. 하지만 예수님은 히브리어와 아람어 모두 능통하셨기에 직접 직역하며 읽으셨던 것이다.

토라를 읽을 때는 원문 그대로 읽어야 했다. 그러나 분량이 많은 예언서를 읽을 때는 낭독자가 조금씩 건너뛰거나 요약하거나 전후에 있는 다른 말씀을 인용해도 되는 유연성이 허락되었다.

주님이 수정하여 읽으신 두 번째 이유는 주님이 꼭 전하고자 하셨던 내용이 있으셨기 때문이다. 어떤 내용을 전하고자 하셨는지 조금 더 구체적으로 살펴보자.

무엇을 어떻게 수정하셨는가?

이사야서 61장 1,2절에는 오시는 메시아에 대한 예언이 기록되어 있다. 메시아가 오셔서 감당할 사명에 대한 소개이자 메시아가 왜 오셔야만 하는지에 대한 설명이다.

주 여호와의 영이 내게 내리셨으니 이는 여호와께서 내게 기름을 부으사 가난한 자에게 아름다운 소식을 전하게 하려 하심이라 나를 보내사 마음이 상한 자를 고치며 포로 된 자에게 자유를, 갇힌 자에게 놓임을 선포하며 여호와의 은혜의 해와 우리 하나님의 보복의 날을 선포하여 모든 슬픈 자를 위로하되 사 61:1,2

이사야서에 기록된 말씀과 주님이 수정하여 읽으신 내용을 비교해서 살펴보자.

1. 주님이 요약 및 편집하신 내용

"주 여호와의 영이 내게 내리셨으니 이는 여호와께서 내게 기름을 부으사 가난한 자에게 아름다운 소식을 전하게 하려 하심이라 나를 보내사 마음이 상한 자를 고치며"(사 61:1).

"주의 성령이 내게 임하셨으니 이는 가난한 자에게 복음을 전하게 하시려고 내게 기름을 부으시고…"(눅 4:18).

이 둘은 동일한 내용인데, 조금 다른 순서로 표현되어 있다. 이는 통역으로 인한 편집이 그 원인이라고 할 수 있겠다.

2. 주님이 보존하신 구절

"…포로 된 자에게 자유를, 갇힌 자에게 놓임을 선포하며"(사 61:1).

"…나를 보내사 포로 된 자에게 자유를, 눈먼 자에게 다시 보게 함을 전파하며…"(눅 4:18).

여기서 "포로 된 자에게 자유를"이라는 대목은 똑같다. 그리고 그 뒤로 이어지는 내용은, 표현은 다르지만 내용상으로는 동일하다. 이사야서에 "갇힌 자에게 놓임을 선포하며"라고 표현된 부분을 영어성경으로 보면 "release from darkness"라고 되어 있다. 이는

'어두움에 갇힌 자에게 놓임을 선포한다'라는 뜻으로, 이것이 원어에 더 가까운 번역이다. 즉, 누가복음에서 "눈먼 자에게 다시 보게 함을 전파하며"라고 기록된 부분과 결국 같은 내용임을 알 수 있다.

3. 주님이 추가하신 말씀

"…눌린 자를 자유롭게 하고"(눅 4:18).

이 말씀은 이사야서 58장 6절에서 끌어오신 내용이다.

내가 기뻐하는 금식은 흉악의 결박을 풀어주며 멍에의 줄을 끌러주며 압제당하는 자를 자유하게 하며 모든 멍에를 꺾는 것이 아니겠느냐 사 58:6

4. 주님이 생략하신 내용

"여호와의 은혜의 해와 우리 하나님의 보복의 날을 선포하여 모든 슬픈 자를 위로하되"(사 61:2).

"주의 은혜의 해를 전파하게 하려 하심이라 하였더라"(눅 4:19).

예수님은 이사야서에 기록된 "보복의 날을 선포하여 모든 슬픈 자를 위로하되"라는 부분을 아예 잘라버리셨다.

이렇게 예수님은 유지할 내용은 유지하고, 생략할 부분은 생략하며, 보존할 구절은 그대로 두고, 추가할 구절은 추가하여 '교차 대구 구조'(Chiasm)를 만드셨다. 쉽게 말해서, 주요 핵심을 중앙에 두고 앞뒤로 같은 내용을 배치한 'A-B-C-B-A' 패턴으로 나열된 아우

트라인을 만드신 것이다. 이는 고대 유대인 논술법에서 매우 흔한 기술인데, 예수님은 이 같은 패턴으로 주님의 주된 사명을 더욱 분명히 드러나게 하셨다. 즉, 주님의 사명을 우리에게 정확히 정리해 주기 위해 이렇게 수정하여 읽으신 것이다.

주님의 사명

이렇게 명백해진 예수님의 주된 사명은 과연 무엇인지, A-B-C 세 가지로 살펴보자.

A – 복음을 선포하시기 위해

예수님이 이 땅에 오신 첫 번째 사명은 '복음을 선포하시는 것' 이다.

주님이 성령의 기름 부으심을 받고 보내심을 받은 이유는 가난한 자들에게 복음을 전하기 위해서이며, 이것은 하나님의 은혜의 해를 전파하는 것이다.

> 주의 성령이 내게 임하셨으니 이는 가난한 자에게 복음을 전하게 하시려 고 내게 기름을 부으시고 나를 보내사 … 주의 은혜의 해를 전파하게 하 려 하심이라 하였더라 (A-A) 눅 4:18,19

그렇다. 주님은 가난한 자에게 복음을 전하기 위하여 이 땅에 오셨다. 하나님의 은혜의 해를 전파하기 위하여 이 땅에 오신 것이다.

"주의 은혜의 해"라는 것은 무엇인가? 이는 '희년'(요벨)을 의미하는 것으로, 회복과 원상 복귀를 뜻하며, 노예 되었던 자들이 고향으로 돌아가는 것을 의미한다.

그럼 "가난한 자"는 누구를 가리키는 말인가? 일반적으로 우리는 이것을 '마음이 가난한 자'라고 이해한다. 마음이 가난하다는 것은, 경제적 빈곤이나 특정 사회적 계층을 가리키는 표현이 아니다. 이사야서에서 '가난하다'라는 단어를 종종 찾아볼 수 있는데, 이는 히브리어로 '아니'(aniy) 혹은 '아나브'(anav)라는 단어다. 이 단어를 번역할 때 '가난하다'라고 하기도 하지만 '온유하다'라고도 번역한다.

정리하면, 성경에서 말하는 "가난한 자"는 하나님의 징계와 채찍과 연단 안에서 빼앗길 것을 다 빼앗기고, 아플 만큼 아팠고, 멍들 대로 멍들어서 하나님만 의지하고 하나님께 한없이 온순하며 하나님의 말씀 앞에 두려워 떠는 자인 것이다.

주님은 그들에게 자유를 선포하기 위해 이 땅에 오셨다. 이제 그들의 복역의 때가 끝났고, 하나님의 품, 약속의 땅, 영원한 나라로 돌아갈 시대가 열렸다고 선포하기 위해 이 땅에 오신 것이다.

누군가는 반문할 수도 있다. 주님은 모두를 위해 오셨지, 가난한 자(하나님의 말씀 앞에 두려워 떠는 자)를 위해 오신 것은 아니라고 말이다. 그러나 나는 분명히 말하고 싶다. 천국 복음은 온 천하에 전파되어야 하지만, 천국은 "심령이 가난한 자"들의 것이라고 말이다.

따라서 우리 안에 무엇보다 빨리 갖춰야 하는 모습이 있다. 바로 "가난한 자"의 모습이다. 하나님 말씀 앞에 두려워 떠는 모습을 갖춰야 한다. 그러면 주님의 사명이 우리 안에 성취될 것이며, "주의 은혜의 해"가 우리에게 도래할 것이다. 스스로 겸비하여 하나님을 경건하게 찾는 이에게 하나님의 성실하심이 비추게 될 것을 확신한다.

B - 정의를 설립하시기 위해

예수님의 두 번째 주된 사명은 '정의를 설립하시는 것'이다. 주님은 정의를 다시 세우시기 위해 이 땅에 오셨다.

주님의 사역은 '언바운딩'(Unbinding) 사역이었다. 다시 말해, 묶인 자를 자유롭게 하는 사역이었다.

나를 보내사 포로 된 자에게 자유를 … 눌린 자를 자유롭게 하고 (B-B)

눅 4:18

'자유롭게 하다'라는 표현을 들으면 가장 먼저 '개인적인 자유로움'을 떠올릴 것이다. 그러나 당시 유대인들은 '정의가 재건되는 것'을 떠올렸다. 그들을 포로로 끌고 가고 억누른 것은 어떤 추상적인 대상이 아니라 실제적인 대상이었기 때문이다. 자신들의 국가와 민족과 삶을 송두리째 앗아간 원수였다.

따라서 주님이 그들에게 자유를 허락하시겠다는 것은 무너진 사회 질서와 체계와 공의를 재건하시겠다는 뜻이다. 주님은 이것을 위하여 이 땅에 오신 것이다.

지금 우리는 사회 질서와 체계와 공의가 급속도로 붕괴하며 무너져 내리는 시대를 살아가고 있으며, 넘쳐나는 지식으로도 이 현상을 막지 못하고 있다. 수많은 정치가의 달콤한 말들은 오히려 우리에게 더 큰 상처와 배반감을 맛보게 했다. 가정부터 사회 구석구석에 이르기까지 온전한 것이 없어 보인다.

그러나 우리가 다시금 마음에 되새겨야 하는 한 가지 그림이 있다! "주님이 다스리시는 그 나라가 되면" 반드시 정의가 세워질 것이라는 사실이다.

C – 긍휼을 베푸시기 위해

예수님의 사명 세 번째는 '긍휼을 베푸시는 것'이다. 주님은 긍휼을 베푸시기 위해 이 땅에 오셨다.

'A-B-C-B-A'로 나열된 교차 대구 구조의 가장 중심인 'C'는 다음과 같은 말씀이다.

…눈먼 자에게 다시 보게 함을 전파하며 … (C) 눅 4:18

이것은 긍휼을 의미하는 표현이다. 마태복음 9장에 보면, 눈이 멀어 어둠 속에 갇힌 두 사람이 예수님을 따라오며 이렇게 외쳤다.

"다윗의 자손이여 우리를 불쌍히 여기소서!"(마 9:27)

이는 영어성경으로 보면, "Have mercy on us", 즉 '우리에게 긍휼을 베풀어주소서'라는 외침이다. 주님은 그들을 치유해주심으로 어두움의 옥살이에서 해방시켜 주셨다. 그들에게 긍휼을 베풀어주신 것이다.

지금까지 살펴본 내용을 한마디로 정리하자면, 주님이 선포하신 복음은 정의로 이루어지며, 정의는 긍휼이 토대다. 주님이 이 땅에 오신 것은 우리를 긍휼히 여기셨기 때문이고, 주님이 우리에게 복음을 선포해주신 것은 목자 없는 우리를 민망히 여기셨기 때문이다. 주님이 우리의 복역의 때가 끝나게 하신 것은 우리를 위로하기 위해서다. 주님의 심장 가장 중심에는 '내가 너를 긍휼히 여기노라'라는 은혜로운 음성이 고동치고 있다. 주님에게서 아무리 멀리 떠나온 것 같아도 아직 늦지 않았다. 아버지는 우리를 긍휼히 여겨주신다!

인간적인 기대가 꺾인 사람들의 저항

지금까지 주님이 이 땅에 오실 수밖에 없으셨던 이유를 '주님의 사명'을 중심으로 살펴보았다. 주님은 가난한 자에게 은혜를 베푸시기 위해 이 땅에 오셨다. 그러나 안타깝게도 너무나 많은 사람이 주님의 은혜를 받아들이지 못한다. 그들이 주님께 저항하기 때문이다.

이어지는 말씀에서 사람들이 어떻게 주님께 저항했는지를 볼 수 있다. 주님이 말씀 낭독을 마치셨을 때, 그 현장의 광경을 누가는 이렇게 기록한다.

> 책을 덮어 그 맡은 자에게 주시고 앉으시니 회당에 있는 자들이 다 주목하여 보더라 이에 예수께서 그들에게 말씀하시되 이 글이 오늘 너희 귀에 응하였느니라 하시니 눅 4:20,21

예수님이 말씀 낭독을 마치시자 "회당에 있는 자들이 다 주목하여" 보았다고 했다. 예수님을 뚫어지게 바라보며 한마디도 놓치지 않으려고 귀를 기울이기 시작했다는 뜻이다. 왜 그랬을까?

여기엔 두 가지 이유가 있는데, 하나는 이어지는 순서로 인해서다. 당시 회당 문화의 관례에 따르면, 모두를 대표하여 성경을 낭독한 후에는 그 말씀에 대한 해석이나 설명이나 본인이 묵상한 내용을 나누게 되어 있었다. 그래서 주님이 성경을 낭독한 후에 어떤 말씀을 할지 궁금했던 것이다.

그리고 그들이 주목한 또 다른 이유가 있었다. 바로, 낭독이 아직 덜 끝났다고 생각했기 때문이다. 주님이 낭독을 잠시 멈추시고 그 말씀에 대한 해석이나 설명이나 자신의 견해를 나누실 수도 있었을 테지만, 그들은 예수님이 곧 다시 성경으로 돌아가서 가장 중요한 부분을 끝까지 낭독하실 것이라 기대하고 있었던 것이다. 물론 성경을 덮으시긴 했지만, 그래도 사람들은 '혹시나' 하는 기대감으로 주님께 집중하고 있었다.

그러나 주님은 그들의 기대에 못을 박으셨다.

"이 글이 오늘 너희 귀에 응하였느니라."

이것으로 낭독이 끝이라는 뜻이다. 그렇다면 사람들은 무엇을 듣고자 그토록 기대하며 기다린 것일까? 예수님이 낭독하신 부분은, 메시아의 역할로 첫째로 복음 선포, 둘째로 정의 설립, 셋째로 긍휼을 베푸시는 것이라고 했다. 그들이 보기에, 여기까진 매우 좋았다. 그러나 그들이 생각하는 메시아의 역할이 하나 더 있었다. 어찌 보면 그들에게 가장 인기 있고 중요한 대목이었다.

앞서, 주님이 이사야서 61장 2절의 절반을 생략하셨다고 했다. 주님이 편집하신 내용이 무엇이었는가?

… 우리 하나님의 보복의 날을 선포하여 모든 슬픈 자를 위로하되 사 61:2

이스라엘을 그토록 힘들게 한 바벨론, 이집트, 로마를 비롯한 이방 민족에게 하나님이 복수하시겠다는 내용이다. 주님은 하나님께서 이스라엘을 위하여 대신 복수해주심으로 자신의 백성을 위로하시겠다는 내용은 읽지 않은 채, 성경을 덮어버리시고 말씀을 마쳤다고 선언하신 것이다.

이에 대한 사람들의 반응이 어떠했는가?

그들이 다 그를 증언하고 그 입으로 나오는 바 은혜로운 말을 놀랍게 여
겨 이르되 이 사람이 요셉의 아들이 아니냐 눅 4:22

이 말씀은 우리가 잘못 이해하기 쉽다. 사람들이 예수님의 말씀
에 경의를 표하는 듯한 장면이라고 이해할 수 있기 때문이다. 혹은
예수님의 말씀이 놀라웠으나, 그분이 목수 요셉의 아들인 것을 알
고 무시하고 가볍게 여긴 것으로 생각한다. 이는 "증언하고"라는
단어를 잘못 해석하기 때문이다.

"증언하고"의 헬라어 '마르튀레오'(martureo)는 긍정적으로도, 부
정적으로도 이해할 수 있다. 만약 "증언하고"를 긍정적으로 해석하
면, 예수님의 말씀을 들은 사람들이 신선한 충격을 받은 나머지 "이
사람이 요셉의 아들이 아니냐!"라고 칭찬하는 것으로 해석할 수 있
다. '그가 어렸을 때부터 우리가 잘 알고 있는 예수가 아니냐! 참
잘 컸네. 참 대견하네. 그 아버지 요셉이 살아 있었다면 참 자랑스
러워했을 텐데…'라는 의미인 것이다.

그러나 이렇게 해석하면 이후에 전개되는 흐름과 연결되지 않는
다. 그들이 칭찬을 했다면, 주님이 24절에서 "선지자가 고향에서는
환영을 받는 자가 없느니라"라고 말씀하실 필요가 없었을 테니 말
이다. 그뿐 아니라, 29절에서 사람들이 예수님을 낭떠러지까지 끌
고 가서 밀쳐 떨어뜨리고자 할 리도 없었을 것이다.

하지만 반대로 "증언하고"를 부정적으로 해석하면, 말씀의 흐름

이 잘 이어진다. 예수님의 말씀을 들은 그들은 불쾌한 충격을 받고 예수님을 부정적으로 평가하기 시작했다. '이 사람이 요셉의 아들이 아니냐? 잘못 컸네. 아버지 없이 자라서 성경의 가르침을 제대로 배우지 못했네'라는 뜻이다.

사람들의 이러한 반응을 정확하게 분별하신 주님은 다음과 같이 선포하셨다.

> 예수께서 그들에게 이르시되 너희가 반드시 의사야 너 자신을 고치라 하는 속담을 인용하여 내게 말하기를 우리가 들은 바 가버나움에서 행한 일을 네 고향 여기서도 행하라 하리라 눅 4:23

"의사야 너 자신을 고치라"라는 속담이 당시에 유행했던 것 같다. 이는 '무엇보다 우선적으로 너 자신을 구원하고, 네 가정을 돌보며, 네 종족을 살피라'라는 의미다.

성경을 통해 우리가 알고 있는 주님의 공생애 사역이 시작되기 전부터 주님의 사역은 이미 시작되었을 것이며, 그 소문도 널리 전해졌던 것 같다. 그날 회당에서 말씀낭독을 할 수 있었던 것도 아마 그러한 이유에서였을 것이다. 예수님은 젊은 나이에 사람들에게 잘 알려진 유명 인사였다.

그날 회당에 있었던 사람들은 주님이 '가버나움에서 행한 기적'에 대해 전해 듣고 알고 있었다. 그들은 "의사야 너 자신을 고치라"

라고 말하고 싶었다. '가버나움에서만 기적을 베풀지 말고, 우선 네 출신지에서 기적을 베푸는 것이 당연하지 않느냐'라고 말하고 싶어서 입이 간지러운 것을 주님은 잘 알고 계셨다. 즉, 그들은 '우리가 듣고 싶은 말을 하지 않을 바에야, 차라리 우리가 원하는 기적이라도 베풀라'라며 심보를 부리기 일보 직전까지 온 상태였던 것이다.

복수 대신 긍휼을 세우신 예수님

그들은 하나님께서 이스라엘을 대신하여 원수에게 복수하시겠다는 말씀을 듣고 싶었지만, 예수님은 복수가 아니라 긍휼을 그 중심에 세우셨다. 성경을 보시는 주님의 관점이 그들이 보기엔 너무 반민족적이고 반역적이었다. 그들은 분노했다.

나사렛 지역 특성상 특별히 그럴 수밖에 없었다. 나사렛은 구약과 신약의 중간기에 형성된 동네이기 때문에 구약에는 등장하지 않는다. 신구약 중간기에 이스라엘은 끊임없는 외부 공격으로 고생하며 거대한 제국들의 식민지 생활을 이어갔는데, 그때 '마카베오'라는 반제국주의 유대인 독립운동가 일가는 이스라엘의 회복을 위해 전투를 쉬지 않았다. 그들은 유대 땅을 완전히 되찾기까지 일단 나사렛이라는 지역에 흩어진 유대인이 돌아와 정착할 수 있는 동네를 만들었다.

이런 배경에서 탄생한 나사렛은 갈릴리 지방의 동네들과는 사회적 토양이 전혀 달랐다. 갈릴리 지방 동네에는 이방인들도 많이 모여 살고 있었지만, 나사렛은 유대인 동네였다. 더 나아가 나사렛에 사는 유대인들은 이스라엘의 회복을 꿈꾸는 열성분자들이라고 해도 과언이 아니었다.

이런 민족주의적 성향과 종교에 대한 신념이 결합하면 매우 위험한 현상이 일어난다. 하나님의 경영이 아니라 자신의 의제가 우선되기 때문이다. 하나님의 말씀 앞에서 두려워 떠는 것이 아니라, 자신이 원하는 내용만 골라 듣게 된다. 가난한 마음이 아니라, 자기 의로 가득 찬 완악한 마음이 된다. 이것이 당시 나사렛 사람들의 모습이었다. 따라서 이들이 가장 선호하는 메시지는 '우리 하나님의 보복의 날'이었다.

그런 그들에게 그들이 가장 듣기 원하는 말씀은 잘라버리고, '긍휼'을 메시아 사역의 중심이라고 선언하셨으니, 그들은 불쾌한 충격을 받고 매우 화를 내며 부정적으로 예수님을 평가한 것이다.

"이 사람이 요셉의 아들이 아니냐!"

이렇게 격노하는 사람들을 바라보시며 주님은 이렇게 말씀하신다.

또 이르시되 내가 진실로 너희에게 이르노니 선지자가 고향에서는 환영을 받는 자가 없느니라 눅 4:24

선지자는 하나님으로부터 오는 메시지를 전달하는 역할을 맡은 사람이다. 하늘에서 내려오는 소식을 땅에 전하는 사람이다. 외부에서 전달되는 내용을 내부에 알려주는 사람인 것이다.

　우리는 변화를 원한다고 하지만, 변화를 위한 방향성을 내부적으로 찾아내려고 한다. 하늘에 속한 백성이 되고 싶어 하지만, 하늘에서 전달되는 소식은 감당하지 못하고 땅에서 맴돌고 있는 논리를 즐겨 듣는다. 하나님께 오는 메시지는 불쾌하게 여기지만, 세상적인 권면과 도전은 좋아한다. 이것이 우리에게 변화가 없는 원인이다.

　변화는 밖에서 안으로 자극이 들어올 때 시작된다. 늘 똑같은 것만을 바라보고 있는 사람에게 다른 것을 보여주는 게 변화의 시작이다. 너무나 오랜 세월 당연하게만 여겨왔던 가치 기준에 대해 그것이 잘못된 것이라고 말해주는 게 변화의 시작이다. 사회 전체가 용납하는 문화와 전통이 사실은 나쁜 것이라고 목소리를 내는 게 변화의 시작이다.

　이것은 내부자가 아니라, 외부인이 할 수 있는 일이다. 고향에서 단 한 번도 떠난 적이 없는 사람이 감당할 수 있는 역할이 아니다. 선지자로서 귀향한 사람만이 감당할 수 있다. 그들만이 진정 전혀 다른 기준으로 잣대를 내밀 수 있기 때문이다.

　오늘날도 사람들은 주님께 저항하고 있다. 민족주의, 보수주의, 애국주의, 집단주의, 우리교회주의로 인하여 하나님의 일하심을 제한하고 있다. 자신들이 원하는 것에 반하는 말씀을 선포하면, 그들은 불쾌한 충격을 받고 부정적으로 평가하기 시작한다.

우리의 온전한 자세

그렇다면 우리는 어떤 자세를 취해야 하는가? 메시아 되신 주님 앞에 온전히 나아가기 위해 우리는 어떤 태도를 갖춰야 하는가?

그날 회당에서 메시아가 그들 앞에 서 계셨다. 그러나 아무도 주님과 깊은 교제를 나누지 않았고, 오히려 주님을 대적했다. 자신들이 원하는 메시아가 아니었기 때문이다.

이 비극은 오늘도 재연되고 있다. 예수님에게서 자신이 원하는 부분만 보려는 사람들이 너무도 많다. 대개 그들은 '그분이 나를 위해서 무엇을 해줄 수 있을까?'에만 관심이 있다. 그러나 고난과 부활의 주인 되신 메시아 예수 그리스도, 그분의 진정한 관심은 어디에 있는지 생각해보았는가? 주님의 진정한 관심사, 그분이 이 땅에 오신 이유에 비추어 우리가 어떤 자세로 주님 앞에 나아가야 하는지 잠시 살펴보자.

주님의 긍휼을 얻고 공유하라

우리에게 요구되는 첫 번째 자세는, 주님의 긍휼을 얻고 그것을 공유하는 것이다.

메시아의 사역 가장 중심에는 긍휼이 숨 쉬고 있으며, 그것을 둘

러싸고 있는 것은 정의이고, 그 정의를 선포하며 재건해나가야 한다는 사실을 우리는 살펴보았다.

우선, 우리 자신이 "가난한 자"로서 주님의 긍휼의 대상이 되어야 한다. 하나님의 말씀 앞에 두려워 떠는 자로 그 긍휼을 입는 것이다. 그리고 주님의 긍휼을 경험한 자로서 우리 이웃에게 긍휼을 베풀어야 한다. 이것이 정의의 회복이다.

앞에서 언급했듯이, 주님은 이사야서 61장 1,2절의 말씀을 낭독하시는 가운데, 이사야서 58장 6절의 "압제당하는 자를 자유하게 하며"라는 말씀을 끌어오심으로 긍휼의 회복이 정의로 이어지도록 하셨다. 눈 먼 자를 다시 보게 하는 긍휼이 눌린 자를 자유롭게 하는 정의에서 샘솟아 오르는 것을 말씀하신 것이다. 이를 통해 우리는 주님이 원하시는 정의가 무엇인지 확실하게 알 수 있다.

주님이 만나주시는 한 사람이 되라

우리에게 요구되는 두 번째 자세는, 주님이 만나주시는 한 사람이 되는 것이다. 주님은 말씀을 이어가시며 엘리야와 엘리사의 때를 언급하신다.

내가 참으로 너희에게 이르노니 엘리야 시대에 하늘이 삼 년 육 개월간 닫히어 온 땅에 큰 흉년이 들었을 때에 이스라엘에 많은 과부가 있었으되 엘리야가 그 중 한 사람에게도 보내심을 받지 않고 오직 시돈 땅에 있는 사렙다의 한 과부에게뿐이었으며 또 선지자 엘리사 때에 이스라엘에 많은 나병환자가 있었으되 그 중의 한 사람도 깨끗함을 얻지 못하고 오직 수리아 사람 나아만뿐이었느니라 눅 4:25-27

엘리야의 때에 3년 6개월간 큰 흉년이 찾아왔다. 그때 이스라엘 땅에 많은 과부가 있었지만, 오직 시돈 땅에 있는 사렙다의 한 과부만 기름과 양식이 메마르지 않는 기적을 경험했다. 또한 엘리사의 때에는 이스라엘에 많은 나병환자가 있었지만, 그중 한 사람도 치유를 경험하지 못하고, 오직 나아만 한 사람만이 깨끗함을 얻었다.

그들이 이러한 '한 사람'이 될 수 있었던 비결은 무엇일까? 바로 그들이 취한 신앙의 자세 때문이었다.

사렙다 과부의 집에 엘리야가 찾아왔다. 엘리야는 과부에게 떡을 요구했는데, 당시 그 과부는 마지막 떡 한 덩어리를 구워 먹고 죽음을 맞으려고 하고 있었다. 그런 그녀에게 엘리야가 마지막 떡 한 조각을 요구한 것이다. 그야말로 벼룩의 간을 빼먹는다는 표현이 어울리는 경우가 아닌가 싶다.

그녀는 엘리야가 누군지 알고 있었지만, 그에게서 기적을 기대하지는 않았다. 왜냐하면 당시 사람들은 신의 능력이 어떤 한 영역에 제한된다고 생각했고, 그 때문에 엘리야의 신인 이스라엘의 여호와는 그녀가 살던 시돈 땅에선 아무런 능력을 발휘할 수 없을 거라고 생각한 것이다.

그럼에도 그녀는 자신의 고정관념을 깨뜨리기로 했다. 그녀는 마지막 떡 한 조각을 엘리야에게 주었으며, 결과적으로 엄청난 기적의 수혜자가 될 수 있었다.

나병에 걸린 나아만은 하나님의 사람 엘리사를 찾아와 병이 치유되기를 구했다. 엘리사는 나가서 맞이하지도 않고 얼굴도 보이지 않은 채 한 종만 보내어 요단강에 가서 몸을 씻으라고 전했다. 이런 대접이 몹시 불쾌했던 나아만은 그냥 돌아가려고 했으나, 부하들의 지혜로운 말에 귀를 기울이고 결국 요단강에서 몸을 씻었다. 그리고 기적적인 치유를 경험하게 되었다.

그는 기뻐하며 아람 땅으로 돌아가면서 이스라엘 땅의 흙을 담아 갔는데, 이것 역시 어떤 신이 한 지역을 벗어나면 그 능력이 발휘되지 못한다고 믿었기 때문이다. 따라서 지속적인 능력을 경험하기 위해 이스라엘의 흙을 담아간 것이다.

하나님의 기적을 맛본 이 두 사람에게는 몇 가지 공통점이 있다. 우선, 둘 다 이방인이었고, 둘 다 위기 가운데 있었다. 또 하나 가장 중요한 공통점으로 이들은 '주님이 만나주시는 그 한 사람'이 될 수 있는 비결을 지녔다는 것이다.

그들은 자신의 고정관념을 뛰어넘어야 했고, 자신의 경험을 역류해야 했다. 그들은 하나님을 신뢰하고 말씀에 굴복하여 행동했던, "가난한 자"였다. 그런 그들에게 하나님의 긍휼이 임했다. 그들은 하나님을 만났다.

반대로 회당에 서 있던 사람들은 끝까지 민족주의적인 사상과 정치적 성향과 인간적 신념을 내려놓지 않았다. 그랬기에 바로 눈앞에 메시아가 서 계심에도 불구하고 안타깝게 그들은 예수님을 진정으로 만나지 못했다.

우리는 우리의 고정관념을 내려놓고 하나님이 긍휼을 베푸시는 "가난한 자"의 자리로 돌아가야 한다.

예수 그리스도를 묵상하고 더 사랑하라

우리에게 요구되는 세 번째 자세는, 우리를 위하여 죽으신 예수 그리스도를 묵상하고 더 사랑하는 것이다.

> 회당에 있는 자들이 이것을 듣고 다 크게 화가 나서 일어나 동네 밖으로 쫓아내어 그 동네가 건설된 산 낭떠러지까지 끌고 가서 밀쳐 떨어뜨리고자 하되 예수께서 그들 가운데로 지나서 가시니라 눅 4:28-30

우물 안 개구리와 같은 나사렛 주민들의 생각을 주님은 확장시키고자 하셨다. 그러나 그들은 그런 손길에 저항하고, 결국 메시아를 거절했다.

더 나아가, 그들은 예수님을 낭떠러지까지 끌고 가서 밀쳐 떨어뜨리고자 했다. 이것은 당시의 사형 방법이었다. 만약 그래도 죽지 않으면, 낭떠러지 위에 있는 사람들이 그 아래로 돌을 던졌다.

위기 상황에 처한 주님은, 그들 가운데로 지나서 빠져나가셨다. 목숨을 건지고 오랫동안 부지하기 위해 그 자리를 피하신 것일까? 아니다. 더 잘 죽기 위해 그 순간을 모면하신 것뿐이다.

주님은 채찍에 맞기를 원하셨고, 완전히 벌거벗음을 당해야 한다는 사실을 잘 알고 계셨으며, 결국 십자가에 달리기로 작정하셨다. 왜 그러셨는가?

> 그가 찔림은 우리의 허물 때문이요 그가 상함은 우리의 죄악 때문이라 그가 징계를 받으므로 우리는 평화를 누리고 그가 채찍에 맞으므로 우리는 나음을 받았도다 사 53:5

우리의 허물을 덮어주기 위함이다. 그래서 주님은 죽음을 선택하셨다. 우리의 죄악을 용서하기 위하여 주님은 고난을 선택하셨다. 우리가 평화를 누리도록 주님은 징계를 대신 짊어지시고, 우리가 나음을 입도록 주님은 채찍을 선택하셨다.

이런 주님을 묵상하고 사랑하여, 주님의 뜻을 이루어드리는 복음의 참된 전파자가 되길 소망한다.

누가복음 7:36-50

36 한 바리새인이 예수께 자기와 함께 잡수시기를 청하니 이에 바리새인의 집에 들어가 앉으셨을 때에 **37** 그 동네에 죄를 지은 한 여자가 있어 예수께서 바리새인의 집에 앉아 계심을 알고 향유 담은 옥합을 가지고 와서 **38** 예수의 뒤로 그 발 곁에 서서 울며 눈물로 그 발을 적시고 자기 머리털로 닦고 그 발에 입맞추고 향유를 부으니 **39** 예수를 청한 바리새인이 그것을 보고 마음에 이르되 이 사람이 만일 선지자라면 자기를 만지는 이 여자가 누구며 어떠한 자 곧 죄인인 줄을 알았으리라 하거늘 **40** 예수께서 대답하여 이르시되 시몬아 내가 네게 이를 말이 있다 하시니 그가 이르되 선생님 말씀하소서 **41** 이르시되 빚 주는 사람에게 빚진 자가 둘이 있어 하나는 오백 데나리온을 졌고 하나는 오십 데나리온을 졌는데 **42** 갚을 것이 없으므로 둘 다 탕감하여 주었으니 둘 중에 누가 그를 더 사랑하겠느냐 **43** 시몬이 대답하여 이르되 내 생각에는 많이 탕감함을 받은 자니이다 이르시되 네 판단이 옳다 하시고 … **50** 예수께서 여자에게 이르시되 네 믿음이 너를 구원하였으니 평안히 가라 하시니라

chapter
05

너는 나에게 무얼 주었느냐

길고 긴 터널과 같은 인생을 살아가고 있는 우리에게, 지금 주님이 가장 원하시는 것이 무엇인가를 아는 것은 무척 중요하다. 주님이 우리에게 가지고 계신 기대는 무엇인지, 우리가 이 시대를 어떻게 살아가야 하는지가 여기에 달려 있기 때문이다.

주님이 우리에게 가장 원하시는 것은 주님을 사랑하는 것이다.

> 너는 마음을 다하고 뜻을 다하고 힘을 다하여 네 하나님 여호와를 사랑하라 신 6:5

이것은 시대가 아무리 변해도 절대 변하지 않는 우리의 본분이며, 나이가 아무리 들어도 절대 쇠하지 않는 우리의 존재 이유다.

시간이 흘러도 주님을 이전보다 더 사랑하는 것은 우리에게 주어진 거룩한 임무이며, 세상이 없어져도 주님을 어제보다 더 사랑하는 것은 우리 인생이 이루어내야 하는 작품이다. 목숨이 다할지라도 주님을 사랑하는 것이야말로 인생의 성공과 실패를 판가름하는 유일한 기준이다.

그렇다면 어떻게 해야 주님을 더 사랑할 수 있을까? 이것이 우리 인생에 주어진 거대한 수수께끼다. 내 마음대로 되지 않는 인생, 내 의지대로 되지 않는 신앙, 이런 현실 속에서 우리는 어떻게 해야 주님을 더 사랑할 수 있는가?

누가복음 7장 36-50절에서 주님이 그 답을 말씀해주고 계신다. 많이 용서받은 자가 더 많이 사랑한다!

우리는 다 죄인 중 한 사람

주님은 한 바리새인의 집에 초대되어 가신다. 나중에 주님이 그 바리새인과 나누시는 대화를 보면, 그의 이름은 '시몬'이라는 사실을 알 수 있다. 그 식사 현장에 한 여인이 향유를 담은 옥합을 가지고 찾아와서 주님의 발에 그것을 쏟아부었다. 그녀는 눈물로 주님의 발을 적시고, 자기의 머리털로 그 발을 닦으며, 그 발에 입 맞추고, 향유로 덮었다.

이 광경을 지켜보고 있었던 바리새인 시몬은 혼자서 이런 생각을 했다.

예수를 청한 바리새인이 그것을 보고 마음에 이르되 이 사람이 만일 선지자라면 자기를 만지는 이 여자가 누구며 어떠한 자 곧 죄인인 줄을 알았으리라 하거늘 눅 7:39

이 여인의 정체에 대해 우리가 알 수 있는 것은 거의 없다. 다만 예수님께 향유를 부은 여인에 대한 이야기는 다른 복음서에도 기록되어 있는데, 만약 이 여인과 다른 복음서에 등장하는 여인이 동일하다면, 그녀가 마리아임을 알 수 있다. 그러나 누가복음의 기록만 가지고는 이 여인이 '죄인'이라는 사실 외에 우리가 알 수 있는 것은 전혀 없다.

다른 복음서와 누가복음의 기록이 여러 차이를 보인다는 점에서, 성경에 기록된 향유를 부은 여인이 한 명이 아니라 두 명이라고 보는 견해도 있고, 또 몇 가지의 이유로 다른 두 개의 사건이 아니라 동일한 한 사건이라고 주장하는 사람들도 있다. 개인적으로 나는 동일한 한 사건의 기록이라고 생각한다.

누가복음에서 '죄인'이라는 것 외에 이 여인의 정체를 밝히지 않은 것은 누가의 의도였다고 생각한다. 그 이상 밝힐 필요가 없었기 때문이다. 주님 앞에서 바리새인이란 신분은 아무 소용이 없다. 주님께는 우리가 사역자든, 선교사나 목사든, 유력한 재력가든, 사업가든, 박사든 전혀 상관이 없다. 우리 모두가 죄인이라는 것 외에 무엇이 중요하겠는가?

바리새인 시몬은 다른 사람이 죄인임은 알았어도 자신이 죄인임은 몰랐다. 그러니 '사람들이 평가하는 대로 예수가 진정 선지자라면 이 여인이 얼마나 더러운 죄인인 줄을 알았으리라'라고 생각한 것 아니겠는가. 그는 다른 사람이 죄인인 것에는 관심이 있어도, 자신이 죄인인 것에는 관심을 끊은 상태였다.

오백 데나리온 빚진 자

그런데 주님은 사람들이 말하던 것처럼 실로 선지자셨다. 사람의 마음을 꿰뚫어 보셨기 때문이다. 주님은 시몬이 무슨 생각을 하고 있는지 알고 계셨다. 그리고 다음과 같은 비유를 설명하기 시작하셨다.

> 예수께서 대답하여 이르시되 시몬아 내가 네게 이를 말이 있다 하시니 그가 이르되 선생님 말씀하소서 이르시되 빚 주는 사람에게 빚진 자가 둘이 있어 하나는 오백 데나리온을 졌고 하나는 오십 데나리온을 졌는데 갚을 것이 없으므로 둘 다 탕감하여 주었으니 둘 중에 누가 그를 더 사랑하겠느냐 눅 7:40-42

이 비유에는 세 명의 인물이 등장한다. 한 사람은 오백 데나리온을 빚진 자이고, 또 한 사람은 오십 데나리온을 빚진 자, 그리고 그들에게 돈을 빌려준 채권자다.

　한 데나리온은 당시 노동자의 하루치 품삯이라고 알려져 있는데, 오백 데나리온이라면 노동자의 약 2년 치 임금에 해당하는 돈이다. 그리고 그때는 빚을 갚지 못하면 채권자의 노예로 팔려 가게 되어 있었다. 설령, 본인의 빚이 아닌 부모에게 이어받은 빚이라 할지라도 말이다.

　한번 상상해보자. 아무리 갚아도 이자만 불어나고 갚을 수 없는 그 빚 때문에 장래가 캄캄하기만 하다. 최소한의 편안함도 즐거움도 누릴 수 없는, 앞길이 꽉 막힌 인생이다. 그런데 그 상황에서 채권자가 그 빚을 단번에 탕감해준다고 한다면 얼마나 기쁜 소식이겠는가! 얼마나 감격스럽고 감사가 넘치겠는가!

　주님은 향유를 부은 여인을 오백 데나리온을 탕감받은 사람에 비유하신다. 주님은 이 여인의 행동이 어디서 말미암은 것인지를 정확하게 짚어주셨다. 많이 용서받았기에 많이 사랑하는 것이라고 말이다. 채권자가 일방적으로 탕감해주지 않는 한, 한평생 갚아도 도저히 해결할 수 없는 빚이 자신의 죄의 문제와 같다는 사실을 이 여인은 잘 알고 있었다. 그 빚을 탕감해준다는 것은, 조금이나마 편한 생활을 하면서 수월하게 빚을 갚아나가도록 조정해주는 것과는 차원이 다른 일이다. 또 빚이나 이자를 일부 탕감해주어서 감당할 만한 분량으로 줄여주는 것과도 비교할 수 없다.

　채권자는 빚을 완전히 탕감해주었다. 이것이 바로 이 여인이 경험한 기적이자 감격이다. 자신의 힘으로는 탈출할 수 없었던 죄와 사망의 결박으로부터 자유함을 얻게 된 것이다!

참된 사랑은 용서받은 감격에서 말미암는다. 우리는 이 감격을 소유하고 있는가? 주님을 더 사랑하기 원한다면, 우선 자신이 죄인이라는 사실을 절실히 깨달아야 한다. 그러기 위해서는 성령의 도우심이 필요하다. 성령의 도우심 없이 어찌 자신이 죄인임을 확실히 알 수 있겠는가?

또한 하나님의 거룩하심을 바라봐야 한다. 사람을 보면 자신의 죄가 잘 보이지 않는다. 상대적인 기준으로는 자신을 절대로 바로 평가할 수 없다. 그러나 절대적인 기준을 목격하면, 자신의 죄가 보이는 법이다. 이사야 선지자가 하나님의 거룩하심을 뵙고, 자신의 죄성을 바로 인식한 것처럼 말이다.

오십 데나리온 빚진 자

예수님의 비유에 등장하는 또 다른 사람은 오십 데나리온 빚진 자다. 이는 바리새인 시몬을 가리키고 있음을 알 수 있다. 주님은 여인이 소유하고 있던 감격과 시몬이 소유하고 있던 감격을 대조적으로 비교하시며 이렇게 지적하신다.

그 여자를 돌아보시며 시몬에게 이르시되 이 여자를 보느냐 내가 네 집에

들어올 때 너는 내게 발 씻을 물도 주지 아니하였으되 이 여자는 눈물로
내 발을 적시고 그 머리털로 닦았으며 너는 내게 입맞추지 아니하였으되
그는 내가 들어올 때로부터 내 발에 입맞추기를 그치지 아니하였으며 너
는 내 머리에 감람유도 붓지 아니하였으되 그는 향유를 내 발에 부었느
니라 눅 7:44-46

예수님의 이 말씀을 한마디로 요약하면, "너는 나에게 무얼 주었
느냐?"라는 질문이다.

'이 여인이나 너나 동일하게 빚이 탕감되었거늘, 이 여인이 저렇게
섬길 때 너는 나를 위하여 무얼 하였느냐? 저 사람은 자기의 모든
것을 다 내어놓는데, 너는 나에게 무얼 주었느냐?'

고대 팔레스타인 지역에서 손님을 맞이할 때, 반드시 지켜야 하는
몇 가지 관습이 있었다. 우선, 손님이 발을 씻을 수 있는 물을 준비
해주어야 한다. 그러나 시몬은 주님께 발 씻을 물도 주지 않았다.
즉, 시몬은 예수님께 손님으로서의 최소한의 대접도 해드리지 않은
것이다.

또, 손님을 맞이할 때는 반드시 그 얼굴에 입을 맞추는 것이 주인
의 도리인데, 이는 손님이 소홀함이나 소외감을 느끼지 않도록 각별
히 주의하여 환영한다는 의미다. 그러나 시몬은 주님께 입을 맞추
지 않았다. 반면 이 여인은 주님의 발에 입맞추기를 그치지 않았다.

더 나아가, 감람유를 머리에 붓는다는 것은 축복의 의미다. 자기

집에 들어오는 손님에게 축복이 임하기를 바라는 것이다. 그러나 시몬은 그렇게 하지 않았다. 이 여인이 주님의 발에 향유를 부은 것과 전혀 대조적으로 말이다.

여인의 이러한 행동은 사랑을 의미한다. 실용적인 차원에서 따져 보자면, 이 여인은 향유를 낭비했다고 할 수 있을 것이다. 그토록 비싼 향유는 곧 다시 먼지로 뒤덮이게 될 발에는 어울리지 않으니 말이다. 그러나 사랑은 실용성을 따지지 않는다. 사도 바울은 사랑은 "자기의 유익을 구하지 아니하며"(고전 13:5)라고 표현한다. 사랑은 따지고 계산하지 않는다는 뜻이다.

이 여인의 머릿속에는 시간과 물질과 체면에 대한 계산이 전혀 없었던 것 같다. 그녀 안에서 불타오르던 오직 한 가지 생각은, 어떻게 하면 주님께 최고의 것을 드릴 수 있는지였다.

감격도, 사랑도 없이 주님을 모신 이유

여기서 한 가지 궁금증이 생긴다. 감격도 없으면서 시몬은 왜 예수님을 자신의 집에 모셨는가? 이 질문에 답하는 것은 그리 어렵지 않다. 오늘날도 수없이 재연되고 있는 상황이기 때문이다. 사람들이 그다지 사랑도 없이 주님을 자신의 집(인생, 삶)에 모시는 데에는 몇 가지 이유가 있는 것 같다.

첫째는 다른 사람들이 다 하니까 덩달아 모시는 경우다.

당시, 예수님은 사회에서 큰 파장을 일으킨 인물이었다. 많은 이들이 부모와 직장을 버리고 그분을 따랐다. 예수님을 따르는 무리와 반대로 그분을 미워하는 무리도 있었는데, 그들은 예수님을 죽이는 것을 사명으로 삼고 열심을 냈다.

예수님은 기적을 일으키셨고, 백성을 위로하셨으며, 종교 기득권자들을 불편하게 만드셨고, 로마제국을 긴장하게 하셨다. 그래서어떤 주제를 두고 예수님과 한번 토론해보는 것이 여러 사람의 바람이었다. 이런 이유로 예수님을 자기 집으로 모셔서 그분을 관찰해보려는 사람이 많았다.

오늘날도 이런 사람들이 있다. 공동체에 참여하기 위해, 대화에가담하기 위해, 어떤 호기심을 채우거나 유익을 얻기 위해 예수를찾는 사람들이 있다. 물론, 이런 과정을 통해 신앙생활이 시작되는것은 절대 나쁘지 않다. 그러나 10년이 지나고 20년이 지나도, 한평생 이런 모습을 벗어버리지 못하는 사람들이 너무 많다는 것이 안타깝다. 이들은 주님을 사랑하는 것이 아니라 이용하고 있는 것이다. 아무리 시간이 지나도, 주님을 진정 사랑하지는 못할 것이다.

둘째는 문제 해결을 위해 예수님을 모시는 경우다. 이들 역시 주님을 사랑하는 것이 아니라 주님을 이용하는 것이다.

본문에 등장하는 바리새인 시몬을 다른 복음서에서는 '나병환자시몬'이라고 소개하고 있다. 물론 앞에서 설명한 대로, 향유 옥합을 깨뜨린 여인에 관한 사복음서의 기록이 동일한 사건이라고 전제할 때 말이다.

그런데 바리새인 시몬이 동시에 나병환자일 수는 없다. 부정한 병에 걸린다는 것은 바리새인의 전통과 문화에서 절대로 용납될 수 없기 때문이다. 그렇다면 그가 나병환자가 된 것은 주님의 방문 전이나 후에 일어난 일이라고 추정할 수 있다.

만약, 후에 일어난 일이라고 한다면 주님이 방문하시고 돌아가신 후 언젠가 그가 나병에 걸렸다는 해석이 될 것이다. 따라서 초대교회 성도들은 그를 '바리새인 시몬'보다 '나병환자 시몬'으로 더 잘 기억하게 되었다고 추측할 수 있다.

만약 예수님이 방문하시기 전에 일어난 사건이라고 한다면, 스토리가 더 자연스럽게 이해된다. 주님이 그를 치유해주셨기에, 그는 감사를 표하기 위해 주님을 자신의 집에 모신 것이다. 그러나 그는 은혜를 입은 한 사람인 나병환자였던 시몬으로 주님을 영접한 것이 아니라, 바리새인의 한 사람으로 주님을 맞은 것이다. 그래서 주님은 은혜를 아는 여인과 받은 은혜를 잊어버린 그를 대조적으로 비교하고 계신 것이라고 이해할 수 있다.

바리새인 시몬이 나병환자 시몬인지는 논쟁의 여지가 있기 때문에 이것을 전제로 확실하게 말하기는 어렵지만, 한 가지는 분명하다. 우리 모두가 주님의 은혜의 수혜자라는 사실이다. 오백 데나리온을 탕감받은 사람이나 오십 데나리온을 탕감받은 사람이나, 둘

다 은혜를 입은 것만은 동일하다.

마찬가지로 사람마다 은혜를 느끼는 크고 작은 정도의 차이는 있을 것이나, 우리 모두가 빚을 탕감받은 것만은 동일하다. 따라서 우리 안에 감격과 감사와 고백과 주님을 향한 사랑이 마땅히 있어야만 하는 것이다.

사랑이 식어갈 때

주님을 향한 사랑이 식어갈 때, 우리는 어떻게 해야 하는가? 받은 사랑에 비해 주님을 향한 대접이 소홀할 때, 우리는 어떻게 해야 하는가?

사랑이 식었다는 것은 우리가 은혜를 입은 수혜자라는 사실을 잊어버렸다는 증거다. 그래서 요한계시록 2장에서 주님은 이렇게 말씀하신다.

> …너의 처음 사랑을 버렸느니라 그러므로 어디서 떨어졌는지를 생각하고… 계 2:4,5

이것은, 처음에 어떻게 사랑하였는지, 왜 사랑하게 되었는지를 기억해내라는 요구다. 우리는 은혜를 입었다는 것뿐만 아니라, 얼마나 큰 은혜를 입었는지도 생각해봐야 한다. 내가 입은 은혜가 오백 데나리온 탕감받은 자의 감동인지, 아니면, 오십 데나리온 탕감받은 자의 감동인지 생각해보라는 것이다. 주님을 사랑하지 못하는 가장 큰 이유가 바로 이것이다. 받은 은혜에 대한 분명한 이해가 없기 때문이다.

또한 우리 삶에서 주님을 향한 대접이 소홀하다는 것은 '내가 주님을 왜 영접했는가'라는 근원적인 질문으로 돌아가서 검토해봐야 하는 문제다. 나는 이것을 '소통의 접촉점'이라고 부르고 싶다. 주님과 우리의 교제가 시작되는 시작 단계가 바로 여기다. 이 지점부터 다시 점검해야 하는 것이다.

우리가 주님을 우리의 집에 영접한 이유가 무엇인가? 대접도 제대로 해드리지 못하면서 말이다. 다른 사람들에게는 인간으로서, 부모로서, 자녀로서, 혹은 친구로서, 시민으로서 도리를 해왔음에도 불구하고 정작 주님께는 최소한의 도리조차 외면하고 살아온 것은 아닌지 돌이켜보라.

주님이 소홀함이나 소외감을 느끼시지 않도록 당신은 무엇을 했는가? 오늘 주님께 입맞춤을 했는가? 주님을 환영했느냐는 질문이다. 주님을 향한 천진난만한 미소를 여전히 소유하고 있느냐는 질문이다.

그의 아들에게 입맞추라 그렇지 아니하면 진노하심으로 너희가 길에서 망하리니 그의 진노가 급하심이라… 시 2:12

혹은 유익을 구하지 않고 계산하지 않는 교제로 주님을 대해왔는가? '주님께라면 그 무엇도 아깝지 않습니다'라는 고백이 있는가?

내가 어렸을 때 어머니가 기도하시던 모습이 기억난다. 그때 어머니는 당시 나와 동생이 다니던 국제학교의 학비가 없어서 울며 기도하셨다. 국제학교의 학비는 적지 않은 금액이었기 때문이다. 교회의 어떤 이는 어머니에게 이렇게 권면하기도 하셨다. 그런 비싼 교육을 시키는 것은 사치이니, 일반 일본인 학교에 보내는 것을 하나님도 기뻐하실 거라고.

이 말을 듣고 어머니는 고민하셨다. 그리고 이렇게 기도하셨다.

"주님, 사치라면 내려놓겠습니다."

그렇게 기도하던 어느 날 새벽, 주님은 어머니에게 전혀 예상치 못한 음성으로 응답하셨다.

'한 영혼이 온 천하보다 귀하다.'

어머니는 의아하셨다. 학비 때문에 기도하면서 이 교육이 사치인지 고민하고 있었는데, 주님이 주신 음성은 기도제목과 전혀 연관이 없어 보였기 때문이다.

하지만 하나님의 응답을 묵상하는 가운데 어머니 마음에 깨달음과 확신이 생겼다. 만약 세상적 성공이나 개인의 행복을 위해 그런 학비를 자녀에게 투자한다면 사치라는 지적을 피할 수 없을 것이다. 그러나 하나님의 종으로 최선의 준비를 시켜 복음을 전파하게 할 수 있다면, 그것은 너무나 존귀한 투자라는 사실이다. 주님을 위해서라면, 그 무엇이 아깝겠는가!

채권자의 희생

오백 데나리온 빚진 자와 오십 데나리온 빚진 자의 차이는, 엄밀히 말해서 실제적인 양의 차이라고 하기보다는 감격의 차이라고 하는 게 더 정확하다. 오백 데나리온을 탕감해주어도 오십 데나리온 탕감받은 감격밖에 없는 사람이 있는가 하면, 오십 데나리온을 탕감받았는데도 오백 데나리온을 탕감받은 듯한 감격을 소유하고 있는 사람이 있다. 당신은 어떤 감격을 소유하고 있는가?

한 가지 짚고 넘어가고 싶은 것은, 오백 데나리온이든 오십 데나리온이든 적지 않은 금액이란 사실이다. 그리고 둘 다 탕감받은 것만은 분명하다는 사실이다.

앞에서 언급했다시피, 이 여인에 대해 누가는 여러 설명을 하지 않는다. 단지 '죄인'이라고만 시몬의 입을 빌려 간접적으로 소개한다. 이 여인이 누구인지, 또 어떤 죄를 지었는지 구체적인 죄명도 알 필요가 없다는 뜻이다. 죄의 크기는 십자가 앞에서 둘째 문제이기 때문이다. 아무리 큰 죄라 해도 용서 못 받는 것이 아니요, 아무리 작은 죄라 해도 당연히 용서받는 것도 아니다.

모든 죄는 크고 작고를 떠나서

하나님의 은혜로 용서받는다.

모든 죄는 크고 작고를 떠나서

예수님의 희생으로 용서받는 것이다.

오백 데나리온이든 오십 데나리온이든 둘 다 탕감받았듯이, 주님은 우리의 모든 죄를 사하여주신다. 그러나 이것은 아무런 희생 없는 죄 사함이 아니다.

이 말씀에서 소개되고 있는 '채권자'는 하나님을 상징한다. 아무런 이유도 묻지 않고 모든 빚을 탕감해주시는 분이다. 그런데 한 가지 꼭 기억해야 하는 것이 있다. 빚을 탕감해주시는 것이 공짜로 이루어지는 사건이 절대 아니라는 사실이다!

빚을 진 자에게 그 빚을 탕감해준다는 것은, 채권자가 돌려받지 못하는 비용을 스스로 충당하고 감수한다는 뜻이다. 따라서 이 말씀에서 소개하고 있는 채권자는 이 엄청난 금액을 대신 짊어져주기로 작정한 선한 분임을 짐작할 수 있다.

이분의 아름다움에 무한 감탄하는 것이 사랑의 시작이다. 마치 보아스의 밭에서 이유 없는 혜택을 누리다 어느 날 그 밭 주인인 보아스를 사랑하게 된 룻과 같이 말이다.

이분의 선하심 앞에서 끊임없이 자기 유익만을 계산해 왔던 모습이 한없이 부끄러워 어찌할 바를 모르는 과정을 겪은 인생은, 사랑이라는 것을 배우게 된다. 십자가를 보며 자신만을 위해 살아왔던 우리의 못난 모습을 한탄하게 되는 법이다.

또 이분이 안겨준 새로운 삶을 살아가며 두고두고 감격하는 것이 사랑을 지속하는 원동력이라고 할 수 있을 것이다. 두고두고 생각해봐도, 어찌 그리 감사한가! 두고두고 되새겨봐도, 어찌 그리 감격스러운가!

생각만 해도 지나온 날들이 아찔하고, 그러한 곳을 무사히 통과하여 오늘이 있게 하신 것이 또 감사하고, 그래서 내 눈에 눈물이 마르지 않는 것이 사랑이 지속되는 씨앗이 된다.

이 감격을 소유하고 있는가

이 감격을 소유하고 있는가? 이 눈물을 소유하고 있는가? 그러면 주께서 말씀하시는 음성을 듣기 바란다.

> …네 죄 사함을 받았느니라 하시니 … 네 믿음이 너를 구원하였으니 평안히 가라 하시니라 **눅 7:48-50**

예수님의 이 선언은 그 여인이 향유를 부어 자신을 섬겼기 때문에 그녀를 용서해주셨다는 뜻이 아니다. 그러한 섬김이 있다는 것은 사랑이 확증되는 증거요, 은혜를 입었다는 표증이니 '네 죄가 이미 용서되었느니라'라는 뜻이다.

만약 우리 안에 이런 감격도, 눈물도 없다면, 그 무엇보다 우선적으로 우리가 구해야 할 것이 무엇인지 확실해진다. 바로 성령께서 내가 죄인이라는 사실을 절실히 깨닫게 해주시는 것이다. 죄인이라는 깨달음 없이 은혜를 아는 것은 불가능하다. 스스로는 역부족이라는 사실을 인정하기 전까지는, 그분의 사랑에 대한 온전한 이해는 절대 이루어지지 않는다.

또, 주님과의 소통의 접촉점을 더듬어 보길 원한다. 우리는 왜 주님을 우리 집으로 영접하였는가? 혹시나 다른 사람들이 다 하니까 주님을 초대하거나, 문제 해결을 위해 주님을 초청한 것에 그친다면, 참된 사랑이 싹트는 것은 불가능하다. 참된 사랑이 싹트길 원한다면, 주님과의 접촉점부터 조정해야 할 것이다. 왜 교회를 다니는지, 왜 신앙생활을 이어가기 원하는지 돌아보라는 것이다. 우리가 진정 바라는 것이 무엇인가? 주님인가, 성공인가? 주님인가, 행복인가? 주님인가, 응답인가? 주님인가, 치유인가?

또 주님이 나에게 어떠한 존재인지 생각해보라. 사랑의 대상인가, 액세서리에 불과한가? 희생의 대상인가, 이익을 위한 도구인가? 하루의 삶의 궁극적 목적인가, 아니면 행복을 위한 수단인가?

그렇게 숙고하여 내린 결론이 주님을 진정으로 더 사랑하기 원하는 것이라면, 우리를 대신하여 대가를 치르신 하나님을 순간순간 만나는 하루하루가 되길 바란다. 우리의 모든 죄를 탕감해주신 그 감격이 새롭게 되길 바란다.

시편 84:1-12

1 만군의 여호와여 주의 장막이 어찌 그리 사랑스러운지요 2 내 영혼이 여호와의 궁정을 사모하여 쇠약함이여 내 마음과 육체가 살아 계시는 하나님께 부르짖나이다 3 나의 왕, 나의 하나님, 만군의 여호와여 주의 제단에서 참새도 제 집을 얻고 제비도 새끼 둘 보금자리를 얻었나이다 4 주의 집에 사는 자들은 복이 있나니 그들이 항상 주를 찬송하리이다 (셀라) 5 주께 힘을 얻고 그 마음에 시온의 대로가 있는 자는 복이 있나이다 6 그들이 눈물 골짜기로 지나갈 때에 그 곳에 많은 샘이 있을 것이며 이른 비가 복을 채워 주나이다 7 그들은 힘을 얻고 더 얻어 나아가 시온에서 하나님 앞에 각기 나타나리이다 8 만군의 하나님 여호와여 내 기도를 들으소서 야곱의 하나님이여 귀를 기울이소서 (셀라) 9 우리 방패이신 하나님이여 주께서 기름 부으신 자의 얼굴을 살펴 보옵소서 10 주의 궁정에서의 한 날이 다른 곳에서의 천 날보다 나은즉 악인의 장막에 사는 것보다 내 하나님의 성전 문지기로 있는 것이 좋사오니 11 여호와 하나님은 해요 방패이시라 여호와께서 은혜와 영화를 주시며 정직하게 행하는 자에게 좋은 것을 아끼지 아니하실 것임이니이다 12 만군의 여호와여 주께 의지하는 자는 복이 있나이다

문지기의 하루

코로나 시대를 지나며 우리는 주님의 시험대 위에 올랐다. 우리는 지금까지 수도 없이 많이 고백해왔다.

> 주의 궁정에서의 한 날이 다른 곳에서의 천 날보다 나은즉 악인의 장막
> 에 사는 것보다 내 하나님의 성전 문지기로 있는 것이 좋사오니 시 84:10

이 고백의 진정성이 드디어 평가받을 수밖에 없는 시대를 맞이하게 된 것이다. 나는 지금도 확실하게 기억한다. 수많은 캠프에서, 집회에서 뛰며 찬양하던 이들의 모습을 말이다. 무대 위에 있는 자들이나, 무대 아래 있는 자들이나, 그들은 모두 노래했다. 주의 궁정에서의 한 날이 다른 곳에서의 천 날보다 낫다고.

이 고백의 진가는 그날 멜로디의 화려함이 아니라, 오늘과 같은

상황 속에서 검증받는 것이다. 팬데믹 때 우리는 함께 모여 예배할 수 없었다. 세계적으로 집회는 점점 더 어려워졌다. 이런 현실 속에서도 주님과 함께하는 순간순간이 감격으로 벅차고 있는지, 우리는 팍팍한 현실 속에서 이 고백의 진가를 검증받는 것이다.

시편 84편의 고백은 크리스천이 소유할 수 있는 최상의 행복에 대한 정확한 정의라고 할 수 있다. 이 고백을 통해 우리가 갈망해야 하는 참된 행복의 본질이 무엇인지, 처한 환경이나 주어진 조건과 무관하게 만족을 누릴 수 있는 비결이 무엇인지 알 수 있다.

사람은 누구나 상황에 따라 요동하는 행복이 아니라, 누구도 빼앗을 수 없는 참된 행복을 소유하길 바란다. 그런 행복을 소유하기 원한다면, 시편 기자가 소개하는 세 가지 관점에서 인생을 볼 수 있어야 한다. '주의 목전, 복된 여정, 주의 손길'의 관점이다.

주의 목전

만군의 여호와여 주의 장막이 어찌 그리 사랑스러운지요 내 영혼이 여호와의 궁정을 사모하여 쇠약함이여 내 마음과 육체가 살아 계시는 하나님께 부르짖나이다 나의 왕, 나의 하나님, 만군의 여호와여 주의 제단에서 참새도 제 집을 얻고 제비도 새끼 둘 보금자리를 얻었나이다 주의 집에 사는 자들은 복이 있나니 그들이 항상 주를 찬송하리이다 (셀라) **시 84:1-4**

그 어떤 현실에도 굴하지 않는 견고한 행복을 발견하기 위해 우리는 주의 목전으로 나아가야 한다. 이것에 대하여 4절에는 이렇게 기록한다.

"주의 집에 사는 자들은 복이 있나니 그들이 항상 주를 찬송하리이다."

"항상 주를 찬송하리이다"라는 표현은 어떠한 상황 속에서도 만족할 수 있는 비결을 아는 사람의 고백이다. 그 비결은 무엇인가? "주의 집에 사는" 것이다. 그렇다. 주의 목전으로 나아가면, 어떤 현실에도 굴하지 않는 견고한 행복을 발견할 수 있다.

그렇다면, 주의 목전으로 나간다는 것은 무슨 의미일까? 본문에 보면, '주의 목전'을 의미하는 다양한 단어가 등장한다.

1절 : 주의 장막
2절 : 여호와의 궁정
3절 : 주의 제단
4절 : 주의 집
10절 : 하나님의 성전

이런 다양한 단어에서 우리는 두 가지 내용을 확인할 수 있다. 첫째는 이 단어들이 모두 예배 현장을 가리키고 있다는 것이다. 2절의 '여호와의 궁정'에서 '궁정'은 장막, 혹은 성전 뜰을 의미하는 것으로, 이곳은 여호와 하나님께 제사와 찬양과 경배를 드린 현장이다. 즉, 주의 목전으로 나아간다는 것은 주님의 임재 속으로 들어가는 것이며, 주님의 얼굴 앞에서 생활하는 것이다. 주님과 동행하는 삶이자 주님으로 채워가는 인생이다.

둘째로 '주의 목전'을 의미하는 다양한 단어들로 우리가 알 수 있는 것은, 우리에게 허락된 환경이 장막이든 성전이든, 예배의 본질에는 전혀 지장이 없다는 사실이다. 장막은 '하나님의 성막'을 의미하는 것으로, 이는 이스라엘 민족이 40년 광야 생활하는 동안 하나님을 만난 현장이다. 열악한 상황에서도 하나님을 예배한 장소다. 성전은 이스라엘 민족이 약속의 땅에 입성한 후, 안정된 상태에서 하나님을 만난 현장이다. 풍성한 환경에서 하나님을 예배한 장소다. 시편 기자는 '장막'과 '성전'이라는 단어를 번갈아 사용하고 있는데, 장막과 성전의 차이는 환경일 뿐 본질은 같기 때문이다.

본질은 예배다. 주님의 임재, 주님의 얼굴, 주님과의 동행, 주님으로 채워지는 것이 예배다. 광야와 같이 열악한 환경이든 도성과 같이 안정된 환경이든, 예배는 예배면 되는 것이다.

주의 목전에 참된 만족이 있다

주의 목전으로 나아가면, 우리는 참된 행복을 발견할 수 있다. 사람은 누구나 원하는 것(want)과 필요한 것(need)이 있다. 가장 행복한 사람은 이 두 가지를 모두 충족시킨 사람이다. 하지만 이는 매우 어려운 인생 과제라 할 수 있다.

그렇기에 철이 들면서 우리는 둘 중 한 가지를 선택하는 법을 배운다. 원하는 것을 택할지, 아니면 필요한 것을 택할지 말이다. 원하는 것을 얻고자 필요한 것을 타협하거나, 필요한 것을 얻기 위해 원하는 것을 포기하는 일들이 우리 인생에 펼쳐지는 삶의 스토리다. 그렇게 어렵게 선택했음에도 우리는 완전히 만족하지 못하는 게 현실이다.

그러나 본문 말씀에 따르면, 주님의 목전으로 나아갈 때 우리의 원하는 것과 필요한 것이 둘 다 충족될 수 있다고 한다.

만군의 여호와여 주의 장막이 어찌 그리 사랑스러운지요 시 84:1

시편 기자는 주님과 함께하는 자리, 주님과 교제하는 시간, 주님과 하나 되는 과정을 향하여 "어찌 그리 사랑스러운지요"라는 표현을 사용하고 있다. 이것은 애정 표현이다. 애정은 '원하는 것'의 대표적인 감정이라 할 수 있다. '사랑스럽다'는 실용성이 아니라 아름다움을 강조하는 표현으로, 주의 목전으로 나아가면 우리의 '원하는 것'이 충족된다는 뜻이다.

내 영혼이 여호와의 궁정을 사모하여 쇠약함이여 내 마음과 육체가 살아

계시는 하나님께 부르짖나이다 **시 84:2**

2절에서 시편 기자는, 주님을 만나기를 사모하여 영혼이 쇠약하다고 말한다. 어떤 애정을 뛰어넘어 '필요'가 된 상태를 말한다. 주님의 사랑스러움을 더 가까이에서 접하고, 그것을 어루만지고, 그 열기를 전해 받지 않으면 질식할 것 같다는 표현이다. 그렇게 간절한 필요가 주의 목전에서만 충족될 수 있다고 말하는 것이다.

주님의 목전으로 나아가면, 우리가 원하는 것과 필요로 하는 것이 충족될 수 있다. 최상의 행복을 손에 쥘 수 있다는 약속이다. 우리가 주님을 원하고, 주님으로 우리의 마음을 채워내는 것이 예배다. 이런 예배는 장소가 장막이든 성전이든 상관없다. 그저 예배면 된다. 이것이 주의 목전에서 얻는 참 행복이다.

이런 행복이 우리 안에서 이뤄지면, 우리는 마침내 보금자리를 얻게 될 것이다.

나의 왕, 나의 하나님, 만군의 여호와여 주의 제단에서 참새도 제 집을 얻고 제비도 새끼 둘 보금자리를 얻었나이다 주의 집에 사는 자들은 복이 있나니 그들이 항상 주를 찬송하리이다 **시 84:3,4**

새끼를 둘 만한 보금자리는 안전한 환경이며 안정된 상태다. 참새와 제비가 보금자리에서 안전을 경험하듯, 주의 목전에 사는 자는 평안을 누릴 수 있다.

평안은 '채워짐'으로 이루어진다. 원하는 것과 필요한 것이 충족되고, 궁핍함이 사라지는 것이다. 따라서 주의 목전에서 우리가 만족을 찾고 참된 행복을 누릴 때, 우리 삶의 어떤 상황이라 할지라도 그곳이 우리의 안전한 보금자리로 화할 것이다.

현실을 뛰어넘는 평안

우리는 고난을 겪을 때, "이상한 일"을 당한다고 평가한다. 이에 대해 베드로는 이렇게 권면한다.

사랑하는 자들아 너희를 연단하려고 오는 불 시험을 이상한 일 당하는 것 같이 이상히 여기지 말고 **벧전 4:12**

지금 우리가 처한 현실이 이해가 가지 않고 납득하기 어려운가? 만약 그렇다면, 우리는 언젠가 모든 것이 정상화되기만을 기다릴 것이다. 정상화되기를 바란다는 것은 어찌 보면 '궁핍'을 소유하고 있다는 뜻이다. 현 상황은 무언가 잘못되었고 만족할 수 없다고 느끼는 것이기 때문이다. 이런 상태에서 우리는, 참된 안정감을 누리지 못한다.

결과적으로, 주님의 음성을 바로 듣기 어렵고, 주님의 인도하심을 정확하게 분별하지 못할 수 있으며, 주님이 하고자 하시는 일을 목도하는 안목도 잃어버리게 된다.

반대로, 어떤 고난 속에서도 주님의 손안에 있는 한 안전하다는 확신이 있다면, 그 삶은 평안을 얻게 될 것이다. 우리의 삶이 주님의 섭리 안에 있다는 사실을 믿는 것이 현실을 뛰어넘는 평안을 향한 첫 걸음인 것이다.

우리는 빌립보서 4장 13절 말씀을 즐겨 암송한다.

내게 능력 주시는 자 안에서 내가 모든 것을 할 수 있느니라 **빌 4:13**

우리는 이 말씀을 인용하여 기도제목에도 적용하고 긍정적인 마인드를 가지려고 노력도 한다. 스스로 '할 수 있다'라고 말하며 불가능한 기도제목이 이루어질 것이라고 믿으려 애쓴다.

그러나 사도 바울이 "내가 모든 것을 할 수 있느니라"라고 고백한 것은 원하는 학교에 기적적으로 입학할 수 있게 된다든가, 불치병이 기적적으로 치유된다는 것을 의미하는 게 아니며, 황당한 소망이 이루어진다는 허황된 내용도 아니다. 물론, 주님의 뜻이라면 어떤 기도제목인들 이루어지지 않겠는가? 하지만 적어도 여기서 사도 바울은 그런 것을 언급하는 게 아니다.

바로 앞 구절에서 사도 바울은 이렇게 말한다.

나는 비천에 처할 줄도 알고 풍부에 처할 줄도 알아 모든 일 곧 배부름과 배고픔과 풍부와 궁핍에도 처할 줄 아는 일체의 비결을 배웠노라 **빌 4:12**

바울은 열악한 환경에서도 주님과 동행하였고, 풍성한 환경에서도 주님과 교제했다. 광야에서나 도성에서나 예배했다. 어떤 환경 속에서도 매 순간 주님을 통해 채워짐을 경험한 것이다. 그러니 그는 늘 행복했다. 이런 사람이 어디를 못 가겠으며, 어느 시대를 돌파해내지 못하겠는가? 이런 사람이야말로 "내게 능력 주시는 자 안에서 내가 모든 것을 할 수 있느니라"라고 고백할 수 있는 자들이다.

마음에 시온의 대로가 있는 자

주께 힘을 얻고 그 마음에 시온의 대로가 있는 자는 복이 있나이다 그들이 눈물 골짜기로 지나갈 때에 그곳에 많은 샘이 있을 것이며 이른 비가 복을 채워 주나이다 그들은 힘을 얻고 더 얻어 나아가 시온에서 하나님 앞에 각기 나타나리이다 **시 84:5-7**

주님의 목전으로 나아가고자 하는 사람에 대해 시편 기자는 이렇게 소개한다.

"그 마음에 시온의 대로가 있는 자는 복이 있나이다."

'대로'가 있다는 것은 여정 가운데 있다는 뜻이다. 그리고 그 대로가 시온을 향해 있으면 복되다고 말하고 있다. '시온'은 하나님의 임재가 임하고 있는 대표적인 장소이며, '마음'이라는 단어는 '동기'를 의미한다. 삶을 주도하는 인생의 컨트롤타워라고 할 수 있다. 우리는 인생의 동기가 무엇인지에 따라 사고하고, 계획하고, 말하고, 행동하는 존재다.

그렇다면 '마음에 시온의 대로가 있다'라는 것은 무엇을 의미하는가? 삶의 목적지가 '주님 계신 곳'이라는 뜻이다. 그 목적에 따라 인생의 방향성이 좌우되며, 그 여정 가운데 일어나는 수많은 일들이 재해석되기 시작한다는 뜻이다. 한평생을 살아간 후, 주님 앞에 부끄러움 없이 서게 되는 것이 인생 성공의 기준이 된다는 것이다. 하루하루를 청산할 때, 주님과 동행하였는지가 평가 기준이 되는 것을 의미한다.

그렇다. 마음에 시온의 대로가 있다는 것은, 주님 앞에 나아가는 것이 삶의 목적이자 기준이 되는 것이며, 즐거움과 한 가지 간절한 소망이 되는 것이다. 그래서 이런 간구가 터져나오게 된다.

만군의 하나님 여호와여 내 기도를 들으소서 야곱의 하나님이여 귀를 기울이소서 (셀라) 시 84:8

이제 마음에 시온의 대로가 있는 사람들이 걷게 되는 '복된 여정'에 대해 잠시 생각해보자. 이들은 크게 두 가지 역설을 경험하게 된다.

눈물로 채워지는 여정

첫째로 마음에 시온의 대로가 있는 자는 눈물 한 방울 한 방울로 채워지는 여정을 걷게 된다.

그들이 눈물 골짜기로 지나갈 때에 그곳에 많은 샘이 있을 것이며 이른 비가 복을 채워주나이다 시 84:6

여기서 말하는 '눈물 골짜기'는 고난과 역경과 아픔의 시절을 의미한다. 눈물 골짜기에 머무는 시기는 분명 존재한다. 그러나 언제까지나 지속되는 과정은 아니다. 그래서 시편 기자는 "눈물 골짜기로 지나갈 때에"라는 표현을 사용하고 있는 것이다. 통과하는 날이 온다는 뜻이며, 끝이 반드시 존재한다는 뜻이다.

그러나 중요한 것은 이 아픈 과정을 언제 다 지나가는가가 아니라, 이 과정이 우리에게 유익하다는 점이다. 그 안에 계속 머물고 싶을 만큼 말이다. 시편 기자는 "그곳에 많은 샘이 있을 것"이라고 했는데, 팔레스타인 지방에서는 광야 곳곳에 숨어 있는 샘을 매우 중요하게 여겼다. 그래서 샘을 발견하면 그곳에서 최대한 오래 머물다가 나머지 여정을 이어갔다. 언제 또 그런 기회가 주어질지 알 수 없었기 때문이다.

시편 기자의 고백에 따르면, 주님께 더 가까이 나아가는 것을 인생의 목적으로 삼은 사람들은 '눈물 골짜기'가 바로 그런 샘의 현장이 된다고 한다. 내 영혼을 적시고, 영혼의 목마름을 해결해주는 장소가 된다는 것이다.

이는 지난 우리 삶을 조금만 생각해봐도 충분히 공감할 수 있다. 지나온 여정을 돌아보면 내 영혼이 가장 풍성하게 채워졌던 때가 눈물 골짜기였음을 기억한다. 반대로 내 영혼이 가장 메말랐던 때는 아이러니하게도 삶이 평탄할 때가 아니었나 싶다. 등 따뜻하고 배가 부르면, 영적으로 살아나기가 정말 힘들다. 하지만 인생이 가장 힘들 때, 온전한 자세를 취하기만 한다면 영적으로 충만하게 채워지고 삶이 소생하는 기회를 만날 수 있다.

눈물 골짜기는 주님의 기적을 체험할 수 있는 현장이다. 눈물 골짜기는 주님이 가장 가까이 계신 장소다. 눈물 골짜기는 주님과 많은 추억을 쌓을 수 있는 기회다. 눈물 골짜기는 주님이 직접 내리시는 은혜의 비를 맞을 수 있는 계절이다.

그러니 주님을 만나는 것이 목적이 된 사람이라면, 눈물 골짜기가 끝나기만을 기다리기보다 오히려 그곳에 조금 더 머물고 싶어지는 것이 아니겠는가!

점점 더 힘을 얻는 나그네 삶

둘째로 마음에 시온의 대로가 있는 자는 나그네로서 자연적 현상을 역류하는 축복을 누리게 된다.

그들은 힘을 얻고 더 얻어 나아가 시온에서 하나님 앞에 각기 나타나리이다

시 84:7

나그네는 여정이 길어질수록 점점 힘을 잃어가게 되어 있다. 기력이 상실되고, 점점 더 흐트러지며, 목적지조차 불분명해진다. 우리도 그렇지 않은가? 3박 4일 여행을 다녀왔을 때와 열흘 일정으로 여행을 다녀왔을 때의 우리의 모습, 혹은 한 달, 혹은 일 년간의 여행을 다녀왔을 때의 모습은 전혀 다르다. 여행은 길면 길수록 오히려 지쳐가게 된다. 나그네로서의 삶이 만만치 않기 때문이다.

그러나 본문에서는 역설적인 현상을 목격할 수 있다. 시온의 대로가 그 마음에 있는 사람은 시간이 가면 갈수록, 여정이 깊어지면 깊어질수록 오히려 더 힘을 얻는다고 한다.

"그들은 힘을 얻고 더 얻어 나아가….."

여정을 가면서 채워지고 있기 때문이다. 더 귀한 것을 발견하고, 더 많이 체험하며, 더 깊이 주님을 알아감으로 충전되고 있기 때문이다.

우리의 현실은 날로 심상치 않다. 답답한 시절이 이어지고, 사람

들은 힘을 잃어가고 있다. 그러나 어떤 이들은 상황이 답답할수록 오히려 더 채워지고, 더 다듬어지고, 더 깊이 들어가며, 더 성숙해지고, 더 성별되며, 더 거룩해지고, 더 아름다워질 것이다. 그 차이는 목적지에 있다.

어떤 이들은 얼른 혼란이 가라앉고 모든 것이 평온해지길 바란다. 힘든 상황이 지속될수록 그들은 점점 더 지쳐간다. 그러나 어떤 이들은 목적지가 '정상화된 일상'이 아니라 '시온'(주님 계신 곳)이다. 주님을 더 깊이 만나는 것, 주님과 동행하는 것, 주님을 알아가는 것, 주님을 체험하는 것, 주님을 변함없이 섬기는 것을 위해 오늘의 상황이 해가 되는 것이 아니라 오히려 유익하다는 사실을 인정할 수밖에 없는 자들이다. 그래서 오히려 더 힘을 얻고 더 나아가는 것이다.

주님은 지금도 일하고 계신다. 아무리 흉흉하게 보여도, 주님은 여전히 통치하고 계신다. 따라서 우리 앞에 펼쳐지는 상황은 절대 우연이 아니다. 주님의 손길에 굴복할 때, 온전한 작품이 나오는 법이다.

주와 함께 있는 것만으로 만족함

우리 방패이신 하나님이여 주께서 기름 부으신 자의 얼굴을 살펴 보옵소서 주의 궁정에서의 한 날이 다른 곳에서의 천 날보다 나은즉 악인의 장막에 사는 것보다 내 하나님의 성전 문지기로 있는 것이 좋사오니 여호와 하나님은 해요 방패이시라 여호와께서 은혜와 영화를 주시며 정직하게 행하는 자에게 좋은 것을 아끼지 아니하실 것임이니이다 만군의 여호와여 주께 의지하는 자는 복이 있나이다 시 84:9-12

만만치 않은 상황 속에서도 충분히 행복해질 수 있는 이유가 또 한 가지 있다. 그것은 주님의 섬세한 손길이 우리와 함께하기 때문이다. 시편 기자가 어떤 상황 속에서 이런 고백을 하게 되었는지 우리는 알 수 없다. 그러나 한 가지 추측할 수 있는 것은, 아마도 다윗과 같이 압살롬을 피해 도망자로 동행했던 사람이었던 것 같다.

어찌 되었든 그가 눈물 골짜기를 지나고 있었던 것만은 분명하다. 주님이 그의 방패 되심을 경험했던 것만은 확실하다. 그래서 그는 "우리 방패이신 하나님이여"라고 주님을 부르고 있다. 그리고 위대한 선포를 한다.

주의 궁정에서의 한 날이 다른 곳에서의 천 날보다 나은즉 악인의 장막에 사는 것보다 내 하나님의 성전 문지기로 있는 것이 좋사오니 시 84:10

이 고백에서 그의 인생 가치 기준과 주님을 향한 애정을 느낄 수 있다. 그의 만족감이 느껴진다. 그에게는 장소나, 위치나, 조건이나, 환경이나, 상황이나, 현실이 중요하지 않았다. 그가 발견한 행복은 그 모든 것을 초월했다. 그 행복은 주님과 함께 있는 것이었다. 그는 주님 계신 곳의 문지기로 하루를 보내는 것이 인생 성공이라고 정의한 것이다.

당신은 '하루'라는 시간을 통해 무엇을 얻고자 달려가고 있는가? 문지기의 일상은 그렇게 흥미진진하지 않다. 때로는 몹시 지루하다고 느낄 법한 일상이다. 그러나 그는 주님이 가까이 계시다는 것 하나만으로 충분히 위안을 삼을 수 있는 문지기라는 역할을 언급하며, 그것으로 하루라는 삶을 납득한다고 고백한다.

어머니가 해주셨던 말씀이 기억난다.

"아무것도 안 해도 된다. 주님과 함께 있기만 하면 된다. 그렇게 보낸 하루는, 절대 헛된 하루가 아니다."

지키시고 채우시는 주의 손길

시편 기자는 주님과 가까이 있으면 어떤 손길을 경험할 수 있는지 몸소 깨닫고 잘 알고 있었기 때문에 이러한 위대한 고백을 할 수 있었다. 그는 자신이 경험한 하나님을 이렇게 소개한다.

여호와 하나님은 해요 방패이시라 여호와께서 은혜와 영화를 주시며 정직하게 행하는 자에게 좋은 것을 아끼지 아니하실 것임이니이다 시 84:11

"여호와 하나님은 해"라는 것은, 우리를 비춰주시고, 따뜻하게 품어주시고, 바른길로 인도해주시는 분이라는 뜻이다. 따라서 아무리 시대가 어두워져도, 절대로 우리는 실족할 일이 없을 것이다.

여호와께서 너를 실족하지 아니하게 하시며 너를 지키시는 이가 졸지 아니하시리로다 이스라엘을 지키시는 이는 졸지도 아니하시고 주무시지도 아니하시리로다 시 121:3,4

다 잠들어도, 주님은 깨어 계신다.

예수께서 대답하시되 낮이 열두 시간이 아니냐 사람이 낮에 다니면 이 세상의 빛을 보므로 실족하지 아니하고 밤에 다니면 빛이 그 사람 안에 없는 고로 실족하느니라 요 11:9,10

주님은 우리의 '해'가 되어주실 뿐 아니라, 우리의 방패라고 시편 기자는 고백한다. 이것은 주님께서 우리를 보호하시고, 지켜주시며, 모든 악에서 건져내 주신다는 뜻이다.

따라서 시대가 아무리 악해져도, 우리는 두려워할 필요가 없다. 악인이 우리에게 어떻게 하겠는가? 혹시 위축되어 있다면 이제 주님의 이름으로 담대함을 회복하기를 바란다.

여호와는 너를 지키시는 이시라 여호와께서 네 오른쪽에서 네 그늘이 되시나니 낮의 해가 너를 상하게 하지 아니하며 밤의 달도 너를 해치지 아니하리로다 시 121:5,6

더 나아가, 주님은 우리의 모든 필요를 채워주신다. 시편 84편 11절을 다음과 같이 말씀한다.

"여호와께서 은혜와 영화를 주시며 정직하게 행하는 자에게 좋은 것을 아끼지 아니하실 것임이니이다."

코로나19 팬데믹 사태가 터지면서 나는 모든 집회를 다 취소했다. 그러면 생활이 많이 어려워야 할 텐데, 하나님께서는 채워주셨다. 필요하면 주셨고 필요 없으면 주시지 않았다. 안 주신 것은 필요가 없든지, 아니면 아직 때가 아니라는 뜻이다. 혹은 있는 것을 가지고 아껴서 쓰라는 뜻이다. 그래서 물질을 가지고 번민하며 기도하지 않았다. 주님도 말씀하시지 않았는가?

그러므로 염려하여 이르기를 무엇을 먹을까 무엇을 마실까 무엇을 입을까 하지 말라 이는 다 이방인들이 구하는 것이라 너희 하늘 아버지께서 이 모든 것이 너희에게 있어야 할 줄을 아시느니라 마 6:31,32

복음이 약속하는 행복은 환경의 변화를 우선으로 하지 않는다. 심령의 변화를 우선으로 한다. 따라서 답답하고 숨 막히는 시절이 오히려 주의 목전으로 나아가는 기회라는 사실을 아는 것이 우리에게 요구된다. 이러한 관점에서 모든 상황을 바라보게 되면, 오늘에 대해 불평할 것이 하나도 없다.

주님께 더 가까이 나아가고자 하는 사람은 마음에 시온의 대로를 소유한 사람이라고 할 수 있다. 그들은 눈물 골짜기가 오히려 오아시스로 변하는 기적을 맛보게 된다. 그리고 시간이 가면 갈수록 오히려 더 강해지는 능력을 체험하게 될 것이다. 더하여 주님이 우리를 감싸시고, 보호하시고, 모든 필요를 채우시는 것을 목도하게 될 것이다.

주님은 우리에게 이미 약속하셨다. 세상 끝날까지 함께하신다고, 모든 것이 합력하여 선을 이루게 하신다고, 잃은 것보다 얻은 것이 더 많게 하신다고, 그리고 잃은 만큼 채워주실 것이라고 말이다. 하나님은 반드시 보응해주신다. 위로해주시고, 감싸주시고, 대신 싸워주시고, 우리의 길을 예비해주시며, 인도해주신다.

그 어떤 피조물도 우리를 우리 주 예수 그리스도 안에 있는 하나님의 사랑에서 끊을 수 없을 것이다.

PART

3

주님이 부르신 자,
평강을 누리리라

시편 22:1-31

1 내 하나님이여 내 하나님이여 어찌 나를 버리셨나이까 어찌 나를 멀리 하여 돕지 아니하시오며 내 신음 소리를 듣지 아니하시나이까 2 내 하나님이여 내가 낮에도 부르짖고 밤에도 잠잠하지 아니하오나 응답하지 아니하시나이다 3 이스라엘의 찬송 중에 계시는 주여 주는 거룩하시니이다 4 우리 조상들이 주께 의뢰하고 의뢰하였으므로 그들을 건지셨나이다 5 그들이 주께 부르짖어 구원을 얻고 주께 의뢰하여 수치를 당하지 아니하였나이다 … 19 여호와여 멀리 하지 마옵소서 나의 힘이시여 속히 나를 도우소서 20 내 생명을 칼에서 건지시며 내 유일한 것을 개의 세력에서 구하소서 21 나를 사자의 입에서 구하소서 주께서 내게 응답하시고 들소의 뿔에서 구원하셨나이다 … 27 땅의 모든 끝이 여호와를 기억하고 돌아오며 모든 나라의 모든 족속이 주의 앞에 예배하리니 28 나라는 여호와의 것이요 여호와는 모든 나라의 주재심이로다 29 세상의 모든 풍성한 자가 먹고 경배할 것이요 진토 속으로 내려가는 자 곧 자기 영혼을 살리지 못할 자도 다 그 앞에 절하리로다 30 후손이 그를 섬길 것이요 대대에 주를 전할 것이며 31 와서 그의 공의를 태어날 백성에게 전함이여 주께서 이를 행하셨다 할 것이로다

하나님의 침묵 앞에서

요즘 '하나님의 침묵'에 대해 자주 생각하곤 한다. 욥기를 보면, 1장과 2장에 들어서자마자 욥의 인생에 고난의 계절이 시작되는 장면이 기록되어 있다. 그런데 42장에 이르기까지 하나님은 욥에게 침묵하신다.

나는 욥기를 묵상하면서, '내가 만약 욥이라면 장기간에 걸친 하나님의 침묵을 도대체 어떻게 이해할 수 있었을까'라는 질문을 할 수밖에 없었다.

가까운 성도들과 함께 읽었던 엔도 슈사쿠의 《침묵》이란 책을 통해서도 하나님의 침묵에 대해 질문을 던질 수밖에 없었다. 이 책은 일본 선교 초창기에 복음을 전하다가 순교를 당한 평신도와 사역자들의 이야기를 소설로 풀어낸 것이다.

주님을 위해 죽음을 선택한 이들이 가는 길목에서 주님의 음성이 한마디도 들리지 않았다는 것을 어떻게 이해해야 하는가?

정신없이 지나온 지난 세월을 돌아보며 앞으로 다가올 나의 삶을 생각해볼 때 역시 '하나님의 침묵'에 대한 무거운 마음을 쉽게 털어버릴 수 없는 것이 내 솔직한 심정이다.

더 어렵고 신중해지는 하나님 음성 듣기

지금보다 주님의 말씀을 잘 몰랐던 젊은 시절엔 주님의 뜻을 선부르게 해석하는 일이 잦았던 것 같다. 전체를 보지 않고 부분만 보았을 때, 주님의 경영이 매우 쉽게 보였던 것 같다. 하지만 주님의 뜻을 선불리 해석하기 시작하면, 주님의 음성을 자주 듣는다는 착각에 빠지기 마련이다.

우리 안에선 주님의 음성 말고도 내 마음의 소리, 양심의 소리, 경험의 소리, 잠재의식의 소리, 상처의 소리, 욕심의 소리, 불안의 소리, 공허함의 소리, 목마름의 소리, 죄책감의 소리, 자기 정당화의 소리 등이 폭풍우와 같이 쉴 새 없이 몰아치고 있다.

이런 여러 가지 소리들을 주님의 음성으로 착각하기 시작하면, 주님의 음성을 얼마나 자주 듣는다고 생각하겠는가? 자기 생각을 주님의 음성으로 오해하고, 주님의 이름으로 포장하는 우를 범하게 되는 것이다.

그래서 하나님의 말씀에 대한 지식이 낮을수록, 주님의 음성을 들었다고 더 자주 말하게 되는 것 같다. 하나님의 경영을 경험하는 범위가 좁을수록, 주님의 뜻을 단순화하게 되는 것 같다.

하나님 말씀의 깊이와 넓이와 높이와 다양한 각도와 그 안에 숨겨진 크고 비밀스러운 것들을 조금씩이나마 진정 배우기 시작하면, 생각이 복잡해진다. 하나님의 뜻이 내가 생각했던 것보다 간단하지 않다는 절실한 깨달음이 생기는 것이다.

또, 우리가 하나님의 경영을 경험하는 범위가 확장될수록, 하나님의 계획과 섭리가 헤아릴 수 없이 거대하다는 사실을 인정할 수밖에 없다. 따라서 알면 알수록, 그리고 경험하면 할수록 하나님의 음성을 들었다고 가벼이 말할 수 없게 되는 것이다. 끊임없이 분별력을 의심하며 한없이 신중하게 하나님의 음성을 묵상할 수밖에 없어진다.

선교지에서 깨달은 하나님의 경영

내 삶에 큰 충격을 주고 생각과 세계관의 변화와 확장을 가져다준 경험에 대해 조금 나누고 싶다.

나는 외가 쪽으로 하면, 4대째 신앙을 이어받았다. 그래서 어렸을 때 기억에는 교회 생활이 두드러지게 자리를 잡고 있다. 중학교 1학년 때 예수님을 인격적으로 뜨겁게 만나게 되었는데, 그 후로 나는 하나님의 영광을 위하여 살겠다고 결단하면서 길거리 전도부터 시작하여 오늘날 선교사의 삶까지 이르게 되었다.

돌아보면 지난 내 삶에는 언제나 확실함이 있었던 것 같다. 선교관, 목회관, 교회관, 전도관, 세계관뿐만 아니라 다양한 주제의 신학적 논리에 대해서도 아주 어렸을 때부터 나름의 뚜렷한 정의를 가지고 살아왔다.

나는 만으로 29세가 되던 해에 목사 안수를 받고 선교사 파송을 받아, 중국 북경으로 갔다. 고등학교 시절에 방문한 적이 있었던 북경 천안문 광장에 선교사로서 다시 서게 되었다. 나는 그 광장을 바라보며 언젠가 수천만 명의 중국인들이 그 광장에 모여서 함께 하나님께 예배드리는 날이 오게 될 것이라고 확신했다. 천안문 위에서 찬양대가 주님의 이름을 높이 외치고, 설교자가 복음을 선포하는 날이 오기를 꿈꿨다. 이것이 하나님의 뜻이라고 믿었다.

이뿐 아니라, 북경에서 만나게 되는 여러 중국인(거의 한족)을 전도해서 예루살렘까지 복음을 전하게 하겠다고 작전을 세웠다. 이런 의미 있는 사명을 위해서라면, 나는 짧고 굵게 선교하다가 주를 위해 죽어도 좋겠노라고 생각했다. 주님이 허락하신다면 순교하게 해달라고 기도했다. 이것이 주님의 뜻이라고 확신했고, 이것이 주님이 나에게 주신 비전이라고 선포했다.

얼마 후, 내게 중국 전체를 돌며 사역할 수 있는 문이 열렸다. 기차를 타고 밤을 새우며 중국 전역을 찾아다녔다. 그런데 이 여정을 통하여 내 생각이 하나씩 파괴되고, 무너지고, 뽑히고, 확장되고,

변화되기 시작했다.

중국의 공산주의는 선교의 장애물이 아니라, 땅끝까지 가기 위한 도구라는 사실을 깨닫게 되었다. 즉, 공산주의 안에서 선교하는 법을 습득해야 이슬람권 안에서도 영향력을 발휘할 수 있는 선교사가 탄생한다는 사실을 깨닫게 된 것이다.

따라서 중국의 선교 승리는 언젠가 자유롭게 예배하고 전도하는 날이 오는 것이 아니라, 반대로 더 지하로 내려가서 땅끝까지 복음을 전하는 것이라는 사실을 깨달은 것이다.

공산주의와 이슬람은 영적 토양이 똑같다. 공산주의를 정치적 이슬람이라고 한다면, 이슬람은 영적 공산주의라고 해도 될 정도다. 그러므로 내가 주님의 뜻이라고 믿었던 천안문 광장에서 수천만 명이 모여 공개적으로 예배하는 것은, 오히려 주님의 경영에 어긋난 것이라는 사실을 깨달았다.

나누고 싶은 이야기는 많지만 하나만 더 덧붙이자면, 한국교회와 미국교회를 비롯한 세계교회는 중국교회와 북한교회와 이슬람권교회에 무언가를 가르치기보다, 오히려 배우는 것이 급하다는 사실을 깨닫게 되었다.

내일은 환난이지 평안이 아니다. 가면 갈수록 공개적으로 예배드릴 수 있는 환경은 열악해진다는 뜻이다. 마음껏 모이고, 마음껏 찬양하고, 마음껏 외쳐 복음을 전할 수 있는 조건의 폭은 날로 좁아질 것이다.

그렇다면, 중국교회와 북한교회와 이슬람교회의 성도들을 우리의 눈높이로 준비시켜 내일을 맞이하게 해서는 안 된다. 내일을 감당하지 못하기 때문이다. 그러나 오히려 한국교회와 미국교회 성도들이 중국교회와 북한교회와 이슬람교회의 눈높이를 배우게 된다면, 다가오는 환난을 위한 무장을 마칠 수 있을 것이다.

주를 향한 신뢰가 신앙을 견인한다

어찌 되었든, 알면 알수록, 보면 볼수록, 배우면 배울수록, 깨달으면 깨달을수록 하나님의 세계는 너무나 넓으며, 하나님의 경영은 절대로 단면적이지 않고, 하나님의 음성은 우리가 생각하는 것과는 다를 때가 너무나 많다.

그래서 외로울 때가 많아진다. 오히려 아무것도 모르고 모든 것이 단순하게만 보일 때는 천진난만하게 지낼 수 있었다. 그러나 이는 무지하고 강퍅하고 위험한 삶이다. 반대로, 신중하면 신중할수록 주님의 음성이 쉽게 들리지 않을 수도 있다. 그래서 외로운 것이다.

그렇다면 이런 경우, 신앙생활을 견인하는 에너지는 무엇일까? 그것은 바로 주님을 향한 신뢰다. 눈에 보이지 않아도 주님이 나를 보고 계신다고 믿는 믿음이 우리의 신앙을 견인하는 것이다. 귀에 들리지 않아도 주님이 나의 심장 소리까지 다 듣고 계신다는 믿음이 우리의 신앙을 견인한다. 사역과 이적과 열매의 짜릿함과 흥분은 없어도, 주님께서 쉬지 않고 일하고 계신다는 믿음이 우리의 신앙을 견인하는 것이다.

나는 이런 신앙을 권하고 싶다. 순간적으로, 혹은 일시적으로 타오르다가 순식간에 꺼지고, 시험에 들고, 변질되고, 부작용을 일으키는 신앙이 아니라, 묵묵히, 오랫동안, 한결같이 지속되는 신실한 신앙 말이다.

열매가 없어도 그 자리를 지키는 신앙, 상황이 바뀌어도 주님과의 약속을 지키는 신앙, 조건이 악화되어도 끝까지 주님을 배반하지 않는 신앙, 그리고 주님의 음성이 들리지 않아도 주님은 나를 버리지 않으신다는 믿음으로 흔들리지 않는 신앙, 이런 신앙을 권하고 싶다.

이런 신앙생활을 해나가기 위해 하나님의 침묵에 대해 묵상하는 것이 도움이 될 것이다. 시편 22편을 통해 '하나님께 버림받은 자, 그리고 하나님께 구원받은 자'라는 관점으로 하나님의 침묵에 대해 생각해보자.

모두의 경험

본문인 시편 22편은 다음의 네 가지 차원으로 해석할 수 있다.

첫째, 시편 기자인 다윗의 경험으로 해석하는 것

둘째, 당시 고난을 당한 여러 선지자의 입장에서 해석하는 것

셋째, 이스라엘이라는 국가적 차원에서 해석하는 것

넷째, 메시아의 렌즈로 해석하는 것

우리는 주어진 본문을 어떻게 해석하면 좋을까? 나는 여기서 다음의 두 가지를 마음에 두고 주님의 음성에 다가가보려고 한다.

우선, 다윗이나 예레미야 선지자를 비롯한 수많은 주의 종들, 혹은 이스라엘의 경험이 오늘날 우리가 겪는 현실과 그리 다르지 않다는 사실을 인지하는 것이다. 즉, 하나님께 버림받은 듯한 경험은 어떤 특정 대상이나 민족에게만 국한된 것이 아니라, 우리 모두에게 찾아오는 경험이란 사실을 염두에 두고 해석하는 것이다. 따라서 '하나님의 침묵 앞에서' 우리가 토해내고 싶은 답답한 심정을 본문의 말씀이 너무 정확하게 대변해주고 있다고 이해하면 되겠다.

하지만 동시에 본문의 말씀이 우리의 감정을 표현해주는 것으로 끝나는 것이 아니라, 궁극적으로는 예수 그리스도의 고난과 죽음에 대하여 예언하고 있다는 사실을 절대 놓치지 말아야 한다. 예수님은 왜 인간이 겪은 이런 경험을 하신 것일까? 이에 대해 히브리서 기자는 다음과 같이 말한다.

그러므로 그가 범사에 형제들과 같이 되심이 마땅하도다 이는 하나님의

일에 자비하고 신실한 대제사장이 되어 백성의 죄를 속량하려 하심이라
히 2:17

우리에게 있는 대제사장은 우리의 연약함을 동정하지 못하실 이가 아니
요 모든 일에 우리와 똑같이 시험을 받으신 이로되 죄는 없으시니라 그러
므로 우리는 긍휼하심을 받고 때를 따라 돕는 은혜를 얻기 위하여 은혜
의 보좌 앞에 담대히 나아갈 것이니라 히 4:15,16

인생에서 '하나님의 침묵'을 느낄 때가 참 많다. 앤드류 피터슨
(Andrew Peterson)이라는 음악가는 '하나님의 침묵'에 대해 다음과
같이 말했다.

"하나님의 침묵은 사람을 미치도록 한다. 사람이 믿음을 잃어버
리게 한다. 한때(주님의 존재를 알고, 주님의 얼굴을 보고, 주님과 교제를 하
였을 때) 제정신이었는지 스스로 의심하게 한다. 하나님의 지팡이와
막대기의 위로를 바라며 신음할 때, 하늘로부터 내려오는 답은 하
나님의 침묵일 때가 있다."

하나님의 침묵 앞에 섰을 때

어찌 보면 너무나 잔인하고 너무나 냉혹하다. 오죽하면 다윗이
이렇게 외쳤겠는가?

내 하나님이여 내 하나님이여 어찌 나를 버리셨나이가 어찌 나를 멀리 하여 돕지 아니하시오며 내 신음 소리를 듣지 아니하시나이가 내 하나님이여 내가 낮에도 부르짖고 밤에도 잠잠하지 아니하오나 응답하지 아니하시나이다 시 22:1,2

욥이 직면한 고난의 계절 내내 하나님은 그에게 보이지 않았다. 하나님의 음성도 들리지 않았다. 욥기 38장에나 이르러, 하나님의 음성이 들리기 시작했다. 그런데 그 음성 가운데는 욥이 왜 그런 고난을 당할 수밖에 없었는지에 대한 설명조차 없었다. 결국 욥은, 자기에게 찾아온 고난의 영문도 모른 채 고난이 종료되었다.

다니엘의 세 친구는 어떤가? 풀무불에 들어가기까지 하나님의 모습은 온데간데없었다. 풀무불의 문이 닫히고 나서야 그들과 함께하신 하나님의 모습이 보이기 시작했다.

세례 요한은 참수형이 완전히 집행되기까지도 하나님의 개입하심을 경험하지 못했다.

다윗은 시편 22편에서뿐만 아니라 시편 13편에서도 이렇게 외치고 있다.

여호와여 어느 때까지니이가 나를 영원히 잊으시나이가 주의 얼굴을 나에게서 어느 때까지 숨기시겠나이가 시 13:1

오죽하면 이런 내용을 기록하고, 또 기록했겠는가? 오죽하면 이스라엘은 국가적으로 이런 감정과 갈등과 답답함에 공감하겠는가? 그리고 오죽하면 우리 주님께서도 십자가 위에서 그렇게 외치셨겠는가?

…엘리 엘리 라마 사박다니 하시니 이는 곧 나의 하나님, 나의 하나님, 어찌하여 나를 버리셨나이까 하는 뜻이라 **마 27:46**

이러한 가운데 나는 하나님께서 우리를 향하여 침묵하시는 것은 극히 일반적이고 대중적인 경험이라는 말을 하고 싶다. 그러므로 주님의 음성이 들리지 않는다고 해서 하나님이 안 계신다고 생각하지 말라. 우리 외에도 수많은 사람이 하나님의 침묵을 경험했다.

또, 주님의 음성이 들리지 않는다고 해서 주님이 나를 버리셨거나 잊으셨다고 낙심하지 말기를 바란다. 주님은 우리를 버리지도 떠나지도 않는 하나님이시다. 우리를 절대 잊지도 않는 하나님이시다.

…내가 결코 너희를 버리지 아니하고 너희를 떠나지 아니하리라 하셨느니라 **히 13:5**

오직 시온이 이르기를 여호와께서 나를 버리시며 주께서 나를 잊으셨다 하였거니와 여인이 어찌 그 젖 먹는 자식을 잊겠으며 자기 태에서 난 아

들을 긍휼히 여기지 않겠느냐 그들은 혹시 잊을지라도 나는 너를 잊지
아니할 것이라 사 49:14,15

우리는 이것을 믿는다. 그래서 비록 순간순간 의심과 원망이 우
리를 덮쳐도, 우리는 고백하며 지난날을 돌아보아야 하는 것이다.

이스라엘의 찬송 중에 계시는 주여 주는 거룩하시니이다 우리 조상들이
주께 의뢰하고 의뢰하였으므로 그들을 건지셨나이다 그들이 주께 부르짖
어 구원을 얻고 주께 의뢰하여 수치를 당하지 아니하였나이다 시 22:3-5

하나님의 침묵 앞에서 우리의 자세

하나님의 침묵 앞에서 우리가 취할 수 있는 두 가지 자세가 있다.

먼저, 하나님께서 침묵하신다고 해도 우리는 침묵하지 않는 자세
가 필요하다. 우리는 주님을 신뢰한다고, 주님의 신실하심을 믿는
다고 주님께 고백하고 말하고 외쳐야 한다.

다음으로, 하나님께서 지난날 우리를 어떻게 지켜오셨는지 돌아
보는 자세가 필요하다.

주님은 내 곁에 계시지 않은 것 같은데 언제나 우리 곁에 계셨고,
주님의 역사는 더딘 것 같은데 항상 주의 때는 정확했으며, 주의 연
단은 지나친 것 같은데 늘 우리가 감당할 수 있는 시험 외에는 우리

에게 다가오지 못하게 막으셨으며, 잠잠하신 것 같은데 졸지도 않으시고 주무시지도 않으며, 우리의 삶에서 끊임없이 일하고 계셨다.

고난 가운데 있을 때, 힘든 것 중 하나가 여론이다. 곁에 아무도 없는 진공상태에서 고난을 받으면, 차라리 어떤 면에서는 덜 힘들 것 같다. 왜냐하면 우리를 가장 힘들게 하는 것은 우리의 고난을 평가하고, 주님의 음성을 대변하는 사람들, 우리의 형편을 조롱하는 사람들, 우리의 삶에 조언을 주려고 하는 사람들이기 때문이다. 물론 그들의 말이 도움이 될 때도 있으나, 대개 그들의 말은 우리에게 상처가 된다.

> 나는 벌레요 사람이 아니라 사람의 비방 거리요 백성의 조롱 거리니이다 나를 보는 자는 다 나를 비웃으며 입술을 비쭉거리고 머리를 흔들며 말하되 그가 여호와께 의탁하니 구원하실 걸, 그를 기뻐하시니 건지실 걸 하나이다 시 22:6-8

우리가 잘 아는 욥도 이와 같은 경험을 했다. 욥기 4장부터 37장에 이르기까지의 내용은 그를 찾아온 친구들과의 대화다. 그들은 모두 자기 나름의 잣대로 욥의 고난을 평가하고, 주님의 음성을 대변하며, 그의 형편을 비방하고, 그에게 어떠한 조언을 해주고자 분주했다. 그러나 욥기 42장에 보면, 결국 그들은 모두 하나님의 책망의 대상이 되는 것을 볼 수 있다.

그래서 나는 당부하고 싶다. 우리가 고난에 처하게 되었을 때, 우리에게 던져지는 수많은 말들을 잘 걸러내어 스스로 마음을 지켜 낼 수 있어야 한다고 말이다.

고난은 하나님께 집중하는 시간이다. 비록 주님의 음성이 잘 들리지 않고 주님의 얼굴이 잘 보이지 않아도 말이다. 고난은 사람의 음성에 귀를 기울이는 시간이 아님을 기억하길 바란다.

우리의 고통을 하나님께 아뢰라

앞에서 언급했듯, 주님은 우리를 향해 침묵하셔도, 우리는 주님 께 말해야 하는 의무가 있다. 말하지 않으면, 영혼은 강퍅하게 된 다. 주님과의 소통을 멈추면, 마귀가 가져다주는 불신이 우리의 생 각과 심령을 지배하기 시작할 것이다. 그래서 주님이 우리를 어떻게 보살펴오셨는지, 우리와 어떻게 동행하셨는지, 우리를 어떻게 인도 하셨는지 되새김질하기 위해 많은 시간을 보내야 하는 것이다. 이 것이 주님과의 신뢰의 기초가 될 것이다.

> 오직 주께서 나를 모태에서 나오게 하시고 내 어머니의 젖을 먹을 때에
> 의지하게 하셨나이다 내가 날 때부터 주께 맡긴 바 되었고 모태에서 나올
> 때부터 주는 나의 하나님이 되셨나이다 나를 멀리 하지 마옵소서 환난이
> 가까우나 도울 자 없나이다 시 22:9-11

더 나아가, 우리는 본문에서 자신의 고난을 구체적으로 주님께 아뢰는 내용을 볼 수 있다. 시편 기자는 자기 원수에 대해 아뢰고 있다.

> 많은 황소가 나를 에워싸며 바산의 힘센 소들이 나를 둘러쌌으며 내게 그 입을 벌림이 찢으며 부르짖는 사자 같으니이다 … 개들이 나를 에워쌌으며 악한 무리가 나를 둘러 내 수족을 찔렀나이다 시 22:12,13,16

자기 원수를 설명하고자, 그들을 황소와 사자와 개들에 비유한다. 황소와 같이 힘센 원수로 인하여 자신의 어떠한 노력이 수포로 돌아가고 있다는 뜻이다. 사자와 같이 자기를 완전히 삼켜버리고자 하고 있다는 뜻이다. 개들과 같이 수족을 물고 늘어져서 자기가 완전히 주저앉아 아무것도 못 하게 만든다는 뜻이다.

우리를 힘들게 하는 것이 무엇인지 주님께 있는 그대로 아뢰라. 어떤 사람인가? 어떤 사건인가? 어떤 상황인가? 어떠한 상처인가?

침묵하시는 것 같아도, 주님은 반드시 들으실 것이고, 일하실 것이다. 그 사람을 바꾸시든지, 그 사건을 바꾸시든지, 그 상황을 바꾸시든지, 그 상처를 바꾸시든지, 혹은 우리를 바꾸시든지 하실 것이다. 아니면 이 모든 것에 주님의 손을 펼치실 것이다.

다윗은 자신의 통증에 대해서도 아뢴다.

나는 물같이 쏟아졌으며 내 모든 뼈는 어그러졌으며 내 마음은 밀랍 같아서 내 속에서 녹았으며 내 힘이 말라 질그릇 조각 같고 내 혀가 입천장에 붙었나이다 주께서 또 나를 죽음의 진토 속에 두셨나이다 … 내가 내 모든 뼈를 셀 수 있나이다… 시 22:14,15,17

다윗은 자기 원수들에 대해서는 구체적으로 아뢰지 않지만, 자기 몸과 마음을 가로지르는 통증에 대해서는 자세히 아뢴다. 뼈가 어그러지며, 마음은 무너져 녹아내리고, 힘은 말라버리고, 혀는 입천장에 붙어버렸다고 한다. 자신의 삶이 완전히 마비되어 죽은 자와 같아지고 있다는 것이다.

…그들이 나를 주목하여 보고 내 겉옷을 나누며 속옷을 제비 뽑나이다
시 22:17,18

이것은 주변 사람들로 인하여 자기가 겪고 있는 정신적 피해에 대해 고하는 내용이다.

그래서 그는 마지막으로 한 번 더 외친다. 주님 앞에서 자신의 고난에 대해 한가지씩 곱씹다 보니 복받쳐 올라오는 감정을 그대로 폭포수같이 쏟아 놓는 것이다.

여호와여 멀리 하지 마옵소서 나의 힘이시여 속히 나를 도우소서 내 생명

주님의 도움을 향하여 외치고 있다. 황소에게서, 사자에게서, 개
에게서, 그리고 칼에서 건져달라고 하고 있다.

그런데 희한한 것은 19,20절까지만 해도 애원형으로 기록되어 있
는데, 21절에서 갑자기 과거형으로 전환된다는 점이다. 이것은 과
거형이라기보다는 오히려 확신과 신뢰의 선포라고 이해하면 되겠
다. 즉 과거형이 아니라, 완성형인 것이다. 그는 이미 하나님께서
자신을 구원하신 것을 확신하고 신뢰하겠다고 외치고 있는 것이다.

하나님께 버림받은 자

그런데 서두에서 나는 이 내용을 살펴보기에 앞서 '하나님께 버림
받은 자'에 대하여 나누겠다고 했다. 그런데 우리가 하나님의 침묵
앞에 있다고 해서 하나님께 버림받은 것은 아니지 않은가?

맞는 말이다. 하지만 이 말씀이 궁극적으로 가리키고 있는 대상
은 예수 그리스도라는 사실을 깨닫기를 바란다.

예수 그리스도는 하나님의 침묵 앞에 단순히 서 계셨던 것이 아니
다. 현실은 하나님께서 여전히 옆에 계시는데, 마음만 하나님께서

자신을 잊으셨다고 생각한 것이 아니라는 뜻이다.

예수 그리스도는 실제로 하나님께 버림받았다. 하나님은 십자가에 달리신 예수 그리스도를 향하여 등을 돌리셨다. 그래서 십자가에 달리신 예수 그리스도는 "나의 하나님, 나의 하나님, 어찌하여 나를 버리셨나이까"(마 27:46)라고 외치셨던 것이다.

이전까지 예수님은 단 한 번도 하나님을 하나님이라 부르지 않고, '아버지'라는 표현을 사용해오셨다. 그러나 이 순간만큼은 예수께서 "내 사랑하는 아들이요 내 기뻐하는 자"로 하나님 앞에 서 있는 것이 아니라, 세상 죄를 온통 홀로 짊어진 괴수로 하나님 앞에 서게 되었다는 것이다.

그리스도께서 우리를 위하여 저주를 받은 바 되사 율법의 저주에서 우리를 속량하셨으니 기록된 바 나무에 달린 자마다 저주 아래에 있는 자라 하였음이라 갈 3:13

하나님이 죄를 알지도 못하신 이를 우리를 대신하여 죄로 삼으신 것은 우리로 하여금 그 안에서 하나님의 의가 되게 하려 하심이라 고후 5:21

지금까지 살펴본 모든 말씀은 예수님이 경험하신 내용이다. 십자가에서 예수님은 실제로 버림 받으셨다. 하나님께서 예수님을 돕지 아니하시고, 그 신음을 외면하셨다. 낮에 부르짖고 밤에도 잠잠하지 않았으나, 그 잔을 끝내 마시게 하셨다. 예수님은 사람들에게 벌레보다 못한 취급을 당하고 조롱거리가 되셨다. 예수님을 향하여 다들 비웃고 입술을 비쭉거리고 머리를 흔들었다. 그러며 말했다.

그가 여호와께 의탁하니 구원하실 걸, 그를 기뻐하시니 건지실 걸 하나이다 시 22:8

그러나 하나님의 구원은 나타나지 않았다. 비록 모태에서 나오실 때부터 하나님을 의지한 예수님이시지만, 환난 가운데 예수님을 돕는 손길은 없었다.

힘센 기득권자들과 무리가 둘러싸고, 삼키고자 입을 벌렸다. 주님의 힘은 말라버렸고, 목이 말라 그 혀가 입천장에 붙었다. 그들은 주님의 속옷까지 제비 뽑았고, 창과 칼이 그를 상하게 했다.

예수님은 왜 그렇게 되어야만 하셨는가?

…우리로 하여금 그 안에서 하나님의 의가 되게 하심이라 고후 5:21

즉, 우리가 하나님의 자녀로 영접되기 위해서다. 그래서 하나님께서 우리를 절대로 버리지도, 잊지도 않으시게 하기 위해서다. 그러므로 하나님의 침묵은 우리에게 있어서 버림받고 잊히는 것을 의미하는 게 아니라는 사실을 반드시 기억하길 바란다.

하나님께서 왜 지금 우리에게 더 구체적으로 말씀하시지 않는지는 우리가 답할 수 없다. 그러나 한 가지 분명한 사실은 주님은 우리를 버리지도, 우리에게서 떠나지도, 우리를 잊지도 않으셨다는 사실이다. 이 침묵이 5년이 가든, 10년이 가든, 혹은 30년이 가든, 주님의 침묵은 절대로 우리의 공포의 대상이 될 수 없다는 것이다.

하나님 침묵의 이유

하나님께서 왜 침묵을 지키시는지 여러 가지 이유를 생각할 수 있겠지만, 많은 경우 다음과 같은 이유로 침묵을 지키신다는 사실을 나누고 싶다.

내가 생각할 때, 오늘날 우리의 삶에서 하나님께서 침묵하시는 이유는 너무나 많은 것을 이미 성경을 통해 충분히 말씀하셨기 때문이다. 주님의 말씀에는 권세가 있고 무게가 있다. 그렇다는 것은, 가볍게 같은 말을 반복하지 않아도 된다는 뜻이다. 다니엘서 6장에 보면, 다리오 왕이 조서에 왕의 도장을 찍어 금령을 내리는 장면이 나온다. 30일 동안 왕 외의 어떤 신이나 사람에게 무언가를 구하면 그게 누구든 사자 굴에 던져 놓기로 한 것이다.

그런데 이 금령을 어겼다는 이유로 다니엘이 고발당하게 되고, 사자 굴에 던져 넣게 된다. 다리오 왕은 다니엘을 마음으로는 사랑하고 있었으나 사자 굴에 던져넣을 수밖에 없었다.

이 과정에 대해 성경은 다음과 같이 기록하고 있다.

> 그 무리들이 또 모여 왕에게로 나아와서 왕께 말하되 왕이여 메대와 바사의 규례를 아시거니와 왕께서 세우신 금령과 법도는 고치지 못할 것이니이다 하니 단 6:15

세상 왕도 자기가 말한 것을 이렇게까지 책임진다. 하물며, 왕 중의 왕이신 참된 왕은 어떻게 하시겠는가?

자신이 만든 율법과 규례를 엄격하게 지켜야 했고, 그래서 죄인을 위하여 누군가를 죽여야만 했다. 그리하여 예수 그리스도께서 죽으셔야 했던 것이다.

또, 의인에게는 약속된 복을 내리셔야만 했다. 바로 예수 안에 있는 우리이다. 하나님은 이미 66권의 성경을 통해 우리를 향한 그분의 본심과 우리의 새로운 신분, 우리에게 약속된 영생과 유업에 대하여 말씀하셨다.

무슨 말씀이 더 필요하겠는가? 이제 우리의 반응만 남았다. 주님을 신뢰하고 '하나님의 침묵 앞에서'도 묵묵히 신실하게 살아 나아가는 임무만 남은 것이다.

하나님께 구원받은 자

하나님의 침묵이 이야기의 결말이 아니라, 하나님의 구원이 우리의 삶을 최종적으로 장식해 줄 것이라는 사실이 바로 진정한 결말이다. 하나님의 침묵이 길 수는 있어도, 절대 영원하지는 않다. 언젠가는 주님의 구원의 손길로 우리에게 응답하실 것이다.

그래서 다윗은 외친다.

내가 주의 이름을 형제에게 선포하고 회중 가운데에서 주를 찬송하리이다 여호와를 두려워하는 너희여 그를 찬송할지어다 야곱의 모든 자손이여 그에게 영광을 돌릴지어다 너희 이스라엘 모든 자손이여 그를 경외할지어다 그는 곤고한 자의 곤고를 멸시하거나 싫어하지 아니하시며 그의 얼굴을 그에게서 숨기지 아니하시고 그가 울부짖을 때에 들으셨도다 큰 회중 가운데에서 나의 찬송은 주께로부터 온 것이니 주를 경외하는 자 앞에서 나의 서원을 갚으리이다 시 22:22-25

하나님을 두려워하는 자, 즉 하나님을 경외하고 신뢰하는 자의 마땅한 자세는 주님을 찬양하는 것밖에 없다. 주님은 곤고한 자의 곤고를 절대 무시하지 않으시기 때문이다. 그분은 침묵 가운데 우리의 일거수일투족을 모두 지켜보고 계신다.

이는 하나님의 시야에서 한 눈금의 고난도 외면되지 않으며, 하나님의 관심에서 한 방울의 눈물도 무의미하지 않다는 뜻이다. 우리가 주님의 음성을 육성으로 들을 수는 없지만, 주님은 우리의 목소리를 다 듣고 계신다는 뜻이다.

사실, 이것 하나면 되지 않겠는가?

그러나 내가 가는 길을 그가 아시나니 그가 나를 단련하신 후에는 내가 순금같이 되어 나오리라 **욥 23:10**

주님이 아신다. 내가 얼마나 더 견딜 수 있는지, 나의 한계가 어디까지인지 주님께서 아신다. 그분은 나의 외침을 듣고 계시고 나의 신음을 듣고 계신다. 나의 인생에 대한 계획을 주님께서 세우셨다.

여호와의 말씀이니라 너희를 향한 나의 생각을 내가 아나니 평안이요 재앙이 아니니라 너희에게 미래와 희망을 주는 것이니라 **렘 29:11**

이런 주님을 높이자! 하나님께서 침묵하시는 시간적 공간을 우리의 찬양과 경배와 신뢰의 선포 소리로 가득 채워내자. 이렇게 주님을 높이다 보면, 주께서 우리를 높여주시는 날이 반드시 올 것이다.

겸손한 자는 먹고 배부를 것이며 여호와를 찾는 자는 그를 찬송할 것이라 너희 마음은 영원히 살지어다 땅의 모든 끝이 여호와를 기억하고 돌아오며 모든 나라의 모든 족속이 주의 앞에 예배하리니 나라는 여호와의 것이요 여호와는 모든 나라의 주재심이로다 세상의 모든 풍성한 자가 먹고 경배할 것이요 진토 속으로 내려가는 자 곧 자기 영혼을 살리지 못할 자도 다 그 앞에 절하리로다 후손이 그를 섬길 것이요 대대에 주를 전할 것이며 와서 그의 공의를 태어날 백성에게 전함이여 주께서 이를 행하셨다 할 것이로다 시 22:26-31

주님께 의지한다는 것은 겸손한 자세다. 이런 사람은 "먹고 배부를 것"이라고 약속하고 있다.

이들의 마음은 절대 무너져 내려 멸망하지 않을 것이다. 또한, 이들을 통하여 열방이 여호와를 기억하고 돌아오게 될 것이며, 모든 나라의 모든 족속이 주 앞에 예배하게 될 것이다. 그리고 그의 후손은 여호와를 섬길 것이요, 대대에 하나님께서 행하신 바를 전할 것이며, 다음세대에게 하나님의 공의로움을 선포할 것이다.

주님이 우리를 낮추시는 날이 있으면, 반드시 높이시는 날도 있다. 주님의 음성이 잘 들리지 않는 계절이 있으면, 주님과 얼굴을 맞대는 날이 온다.

골방에서 답답하고 고독한 순간 후에는, 많은 이들이 우리를 통하여 주님께 돌아와 예배하게 된다. 하나님 앞에서 괴로워하며 신음한 후에는, 대대로 하나님의 공의로움을 인정하고 높이는 특권을 누리게 되는 것이다. 이것이 예수 그리스도께서 우리에게 보이신 것이다.

그분은 십자가 후에 승리의 면류관을 쓰셨고, 고난 후에 보좌에 앉으셨으며, 사람들에게 조롱받은 후에 만유 위에 뛰어난 이름을 소유하게 되셨고, 죽음 후에 부활하셨다.

그리고 "내 하나님이여 내 하나님이여 어찌 나를 버리셨나이까"라고 외치신 후에, 수많은 사람이 아버지께 돌아오는 역사를 이루셨다.

하나님을 신뢰하고, 하나님을 기다리며, 하나님께 모든 것을 아뢰고, 이 침묵의 기간을 주를 높이는 신뢰의 노래로 채운다면, 먼 훗날 우리를 높이시는 하나님의 손길을 체험하게 될 것이다.

시편 34:1-22

1 내가 여호와를 항상 송축함이여 내 입술로 항상 주를 찬양하리이다 2 내 영혼이 여호와를 자랑하리니 곤고한 자들이 이를 듣고 기뻐하리로다 3 나와 함께 여호와를 광대하시다 하며 함께 그의 이름을 높이세 … 9 너희 성도들아 여호와를 경외하라 그를 경외하는 자에게는 부족함이 없도다 10 젊은 사자는 궁핍하여 주릴지라도 여호와를 찾는 자는 모든 좋은 것에 부족함이 없으리로다 11 너희 자녀들아 와서 내 말을 들으라 내가 여호와를 경외하는 법을 너희에게 가르치리로다 12 생명을 사모하고 연수를 사랑하여 복 받기를 원하는 사람이 누구뇨 13 네 혀를 악에서 금하며 네 입술을 거짓말에서 금할지어다 14 악을 버리고 선을 행하며 화평을 찾아 따를지어다 15 여호와의 눈은 의인을 향하시고 그의 귀는 그들의 부르짖음에 기울이시는도다 16 여호와의 얼굴은 악을 행하는 자를 향하사 그들의 자취를 땅에서 끊으려 하시는도다 17 의인이 부르짖으매 여호와께서 들으시고 그들의 모든 환난에서 건지셨도다 18 여호와는 마음이 상한 자를 가까이 하시고 충심으로 통회하는 자를 구원하시는도다 19 의인은 고난이 많으나 여호와께서 그의 모든 고난에서 건지시는도다 20 그의 모든 뼈를 보호하심이여 그 중에서 하나도 꺾이지 아니하도다 21 악이 악인을 죽일 것이라 의인을 미워하는 자는 벌을 받으리로다 22 여호와께서 그의 종들의 영혼을 속량하시나니 그에게 피하는 자는 다 벌을 받지 아니하리로다

여호와를 경외하는 법

우리는 하나님이 침묵하실 때에도, 하나님과 기뻐하며 친밀한 교제를 나눌 때에도 늘 하나님을 경외해야 한다. 그런데 너무나 급격히 변해가는 시대 속에서 우리는 종종 본분을 잊고 혼란스러워하곤 한다. 그래서 본분에 집중하기보다 오히려 비본질적인 이유로 고민하고, 고생하고, 인생을 낭비하는 경우가 많은 것 같다.

우리의 본분은 하나님 여호와를 경외하는 것이다.

이스라엘아 네 하나님 여호와께서 네게 요구하시는 것이 무엇이냐 곧 네 하나님 여호와를 경외하여 그의 모든 도를 행하고 그를 사랑하며 마음을 다하고 뜻을 다하여 네 하나님 여호와를 섬기고 신 10:12

이 말씀이 분명히 전하듯, 세월이 아무리 흘러도, 사회가 아무리 변해도 우리의 본분은 여호와를 경외하는 것으로, 이는 변치 않는다.

그렇다면 여호와를 경외한다는 것은 무엇인가?

> 너희 자녀들아 와서 내 말을 들으라 내가 여호와를 경외하는 법을 너희
> 에게 가르치리로다 시 34:11

시편 34편에서 다윗은 "내가 여호와를 경외하는 법을 너희에게 가르치리로다"라고 하면서 "내 말을 들으라"라고 한다. 우리도 그의 초청에 귀를 기울여 '여호와를 경외하는 법'을 배워보자. 그래서 우리의 본분을 잘 감당할 수 있게 되기를 바란다.

다윗의 간증

시편 34편은 다윗의 신앙고백과 간증으로 막을 연다.

> 내가 여호와를 항상 송축함이여 내 입술로 항상 주를 찬양하리이다 내
> 영혼이 여호와를 자랑하리니 곤고한 자들이 이를 듣고 기뻐하리로다 나
> 와 함께 여호와를 광대하시다 하며 함께 그의 이름을 높이세 시 34:1–3

진정으로 하나님을 경험한 사람은 하나님을 높여드릴 수밖에 없다. 하나님의 선하심을 진정으로 체험한 사람은 하나님을 예배할

수밖에 없다. 이들에게는 간증이 생기기 때문이다.

간증은 외치고 싶은 목마름을 가져온다. 진정 하나님을 경험하면 하나님에 대해 증언할 수 있는 내용을 소유하게 되고, 그것을 말하고 전하고 싶은 갈증이 생길 수밖에 없다.

간증은 '증언'(testimony)이다. 간증은 비법을 가르치는 강의가 아니다. 하나님의 거룩하심과 위대하심과 은혜로우심을 목격한 그대로 증거하는 것이다. 따라서 하나님을 경험하여 간증을 소유한 자가 어찌 증언하지 않고 가만히 있을 수 있겠냐는 것이다. 진정으로 하나님을 경험하고 체험한 사람은, 하나님을 송축하고 찬양하고 자랑할 수밖에 없다. 어떤 상황에서도 그렇게 할 수밖에 없게 되는 것이다.

그래서 다윗은 시편 34편 1-3절의 고백을 하고 있는 것이다. 상황과 무관하게 하나님을 높여드리며 예배하겠다는 뜻이다.

이것이 우리의 본분이다. 우리는 이 본분을 잘 감당하고 있는가? 인생의 어떤 계절에도 하나님을 향한 감격을 갖고 있는가? 현실의 어떤 통증에도 하나님을 향하여 감사의 눈물을 흘리고 있는가?

우리가 사는 이유는, 행복한 삶을 이뤄내기 위함이 아니다. 우리의 본분은 여호와를 경외하는 것이지 평탄한 삶을 일구어내는 것이 아니요, 각 분야에서 무언가를 성취하는 것도 아니며, 건강하게 오래오래 사는 것도 아니다. 오직 우리 하나님 여호와를 높여드리는 것, 그것이 우리의 본분이며 우리의 사는 이유다.

그렇다면 최악의 상황 속에서도 우리는 우리의 본분을 감당할 수 있다는 사실을 기억해야 한다. 기도 응답을 받는 것, 문제가 해결되는 것 등과 무관하게 우리는 우리의 본분을 감당해야 하고, 감당할 수 있다.

모든 것이 잘되어 갈 때도, 반대로 모든 것이 꼬여만 갈 때도 우리는 여전히 하나님을 높여드릴 수 있다. 우리가 하나님을 높여드리면, 우리는 하나님을 예배하는 것이며, 우리의 증언을 듣는 사람들은 복음을 접하게 된다.

"내 영혼이 여호와를 자랑하리니 곤고한 자들이 이를 듣고 기뻐하리로다"(시 34:2).

그러면 그들도 하나님을 경험하고 높이게 될 것이다.

"나와 함께 여호와를 광대하시다 하며 함께 그의 이름을 높이세"(시 34:3).

하나님을 높여드려라

그럼 조금 더 구체적으로 다윗의 간증을 살펴보며, 그가 하나님을 어떻게 높여드렸는지 그 내용을 들어보자.

내가 여호와께 간구하매 내게 응답하시고 내 모든 두려움에서 나를 건지셨도다 그들이 주를 앙망하고 광채를 내었으니 그들의 얼굴은 부끄럽지 아니하리로다 이 곤고한 자가 부르짖으매 여호와께서 들으시고 그의 모든 환난에서 구원하셨도다 여호와의 천사가 주를 경외하는 자를 둘러 진치고 그들을 건지시는도다 시 34:4-7

다윗은 하나님의 구원을 찬양하고 있다. 하나님은 그분께 나아가 간구하는 자에게 응답하시는 분이다. 또 그분을 향하여 부르짖는 사람의 외침을 들으시는 분이다. 이것이 하나님이 정해 놓으신 영적 법칙이요, 질서다.

그래서 4,5절과 6,7절에서 거의 비슷한 내용을 두 번 반복하여 강조하고 있는 것이다.

4,5절에서는 "…간구하매… 응답하시고… 건지셨도다 (하나님께 간구하는 자의) 얼굴은 부끄럽지 아니하리로다"라고 했고, 6,7절에서는 "…부르짖으매… 들으시고… 구원하셨도다… 주를 경외하는 자를… 건지시는도다"라고 했다.

4,5절이나 6,7절이나 전하고 있는 내용은 동일하다. 하나님께 나아가 간구하면, 하나님께서 건지실 것이라는 고백이다. 왜냐하면 하나님은 주께 부르짖는 자를 건지시기 때문이다. 다윗은 결국 이렇게 말하고 있는 것이다.

'내가 하나님을 찾았고, 하나님은 나에게 응답하셨으며, 나를 모든 두려움에서 건지셨다. 이것이 나의 경험이다. 그리고 이제, 이것이 너의 경험이 될 수도 있다.'

다윗은 4절에서, 자신이 처했던 상황에 대해 매우 포괄적인 표현을 의도적으로 사용하고 있다.

"내 모든 두려움에서 나를 건지셨도다."

그는 '모든 두려움'이라는 포괄적인 표현을 사용하며, 구체적으로 어떤 두려움인지는 밝히지 않는다. 다윗의 간증을 접하는 모든 사람과 공감대를 형성하기 위해서다. 다윗 한 개인의 어떤 특정 문제에만 해당되는 '좋은 소식'이 아니라 모든 사람의 모든 문제에 적용되는 '살 길'이기 때문이다.

지금 어떤 상황에 처해 있는가? 상황과 상관없이 하나님을 높이는 본분을 감당하고 있는가? 하나님을 높이지 않으면 문제 해결과 기도 응답이 무슨 소용이 있겠는가? 이 땅에서 일시적으로 조금 잘 사는 것 외에 뭐가 있겠냐는 것이다.

평탄한 길을 가든 험난한 길을 가든, 우리에게는 하나님을 높여드려야 하는 본분이 있다는 사실을 잊지 말자. 항상 주님을 높여드려야 하는 충분한 이유가 있다는 사실을 분명히 알자.

다윗처럼 하나님을 경험한 간증이 있는가? 그렇다면 하나님께서 이미 행하신 일들을 자랑하라. 인정하라. 그에 대한 감사와 찬양으로 노래하길 바란다. 이것이 우리 안에서는 예배요, 우리의 외침을 듣는 이들에게는 복음의 선포가 된다!

하나님을 경외하는 자는 복이 있도다

다윗은 자신의 간증으로 하나님을 높인 후에, 한 걸음 더 나아가 여호와를 경외하는 법에 대해 말하기 시작한다. 우선 다윗은 "여호와의 선하심을 맛보아 알지어다"라고 도전한다.

> 너희는 여호와의 선하심을 맛보아 알지어다 그에게 피하는 자는 복이 있도다 시 34:8

우리를 선한 손길로 대해주시는 하나님을 경험해보라는 뜻이다. 그러면 어떻게 해야 이런 하나님의 손길, 즉 우리를 보호하시고 어루만지시고 채우시고 베푸시고 치유하시는 손길을 경험할 수 있는가? 답은 "그에게 피하는 자"가 되는 것이다.

그러면 이어서 또 질문할 수밖에 없다. 그에게 피한다는 것은 무엇을 의미하는가?

> 너희 성도들아 여호와를 경외하라 그를 경외하는 자에게는 부족함이 없도다 시 34:9

8절과 9절 사이의 연결고리는 "복이 있도다"와 "너희 성도들아 여호와를 경외하라"이다. 하나님의 선하심을 맛보고 알게 될 복 있는 자들이 바로 '성도들'이라고 말하는 것이다.

그런데 여기서 '성도들'이라는 단어는 가볍게 사용된 것이 아니라 매우 엄격하게 사용된 것임을 짚고 싶다. 이 부분을 원어로 보면 '거룩한 이들'이라는 의미인데, 정리하자면 하나님의 선하신 손길을 경험하게 되는 특권은 거룩한 이들의 몫이라는 뜻이다. 이들은 참으로 하나님을 경외하기 때문이며, 이들이야말로 복 있는 자들이다.

　거룩한 자들은 하나님을 경외한다. '경외한다'라는 것은 단순히 예배한다는 뜻이 아니다. 교회를 다닌다는 뜻도 물론 아니다. 이 부분을 영어 성경은 이렇게 표현한다.

　"Fear the LORD, you his holy people"(거룩한 이들이여, 여호와를 두려워하라).

　하나님을 향한 두려움은 불길한 공포나 단순한 무서움이 아니다. 하나님을 향한 두려움은 하나님을 너무나 소중하게 여기기에 하나님과의 관계와 그분과의 교제, 우리 삶에서 하나님의 자리, 그리고 하나님 앞에서의 우리의 모습에 대해 끊임없이 생각하고 쉴 새 없이 신경 쓰며 전심으로 지켜내는 것이다.

　하나님과의 관계가 깨진다고 생각하면 소름이 돋고 밤잠을 못 이룬다. 하나님과의 교제가 냉랭해지고 있다고 느끼는 순간, 어떤 음식도 그 맛을 잃고 만다.

　우리 삶에 하나님이 늘 계셔야 하는 그 자리에 하나님이 보이지 않거나 그분의 음성이 들리지 않으면 안절부절못하고 주님이 다시 보이실 때까지 쉬지 않는 것이다. 그래서 하나님 앞에서의 우리의 모습에 대해 항상 예민할 수밖에 없고, 온전한 모습을 지켜내고자 몸부림치게 되는 것이다.

이것이 하나님을 향한 두려움이며, 우리의 본분이다. 하나님은 이러한 자들의 모든 필요를 채워주실 것이다. 이들은 '주님의 것'이라 인정받기 합당한 자들이며, 주님을 위해 성별된 자들이기 때문이다. 이들은 주님만을 위해 존재하기 때문이다. 즉, 주님 자신께서 이들을 향한 소유권을 충분히 행사하실 수 있고, 따라서 주님께서 이들을 향한 책임도 짊어지시게 된다는 뜻이다.

그래서 10절에서는 이렇게 말한다.

젊은 사자는 궁핍하여 주릴지라도 여호와를 찾는 자는 모든 좋은 것에 부족함이 없으리로다 시 34:10

거룩한 삶의 모습

다윗은 8-10절에서 하나님을 두려워하는 자들은 하나님의 선하신 손길을 경험하게 되는 복 있는 자들이라고 소개한다. 이에 11-14절에서는 한 걸음 더 나아가서 구체적으로 이들의 거룩한 삶의 모습에 대해 말해주고 있다.

너희 자녀들아 와서 내 말을 들으라 내가 여호와를 경외하는 법을 너희

에게 가르치리로다 생명을 사모하고 연수를 사랑하여 복 받기를 원하는 사람이 누구뇨 시 34:11,12

"여호와를 경외하는 법을 너희에게 가르치리로다"라는 11절 말씀이 이 시 전체의 핵심 구절이다. 그러면서 시편 기자는 이런 질문을 던진다.

'정말 바로 살기를 원하느냐? 복된 삶을 얻기 원하느냐? 좋은 인생을 이루기 원하느냐? 좋은 날들이 오기를 원하느냐?'

'그렇다면 내 말에 귀를 한번 기울여보라'라는 초청이 담긴 질문이다.

한마디로 요약하면 이것이다.

"Hear and fear!"

'내 말을 듣고, 여호와를 두려워하라'라는 것이다. 그러면 정말 축복받은 생애로 장식할 수 있을 것이라는 뜻이다.

그럼, 우리가 들어야 하는 말은 무엇인가?

네 혀를 악에서 금하며 네 입술을 거짓말에서 금할지어다 악을 버리고 선을 행하며 화평을 찾아 따를지어다 시 34:13,14

이 부분은 한국어 성경의 번역으로는 정리하기 조금 어렵게 구성되어 있지만, 영어로 보면 세 가지 부정적인 권면과 세 가지 긍정적인 권면을 전해주고 있는 것을 볼 수 있다.

금하라는 권면

첫째, 네 혀를 악에서 금하라.

말과 관련하여 에베소서 4장 29절에 이런 말씀이 있다.

> 무릇 더러운 말은 너희 입 밖에도 내지 말고 오직 덕을 세우는 데 소용되
> 는 대로 선한 말을 하여 듣는 자들에게 은혜를 끼치게 하라 엡 4:29

즉, 은혜를 끼치는 말이 아니면 하지 말라는 뜻이다. 과연 나는 은혜를 끼치는 말을 얼마나 했는지, 또 은혜를 가로막는 말을 얼마나 많이 하며 살았는지, 스스로 돌아보아야 한다.

둘째, 네 입술을 거짓에서 금하라.

진실하지 못한 말, 투명성이 없는 말, 얼렁뚱땅하는 말을 삼가라는 뜻이다. 일반적으로 나이가 들면서 느끼는 것 중 하나가 거짓말인 것 같다. 우리나라 사회적 정서상, 악의가 없는 어느 정도의 거짓말은 허용되는 것처럼 느껴지기도 한다.

그러나 우리의 기준은 사회의 문화가 아니라 성경이다. 이 기준에 맞추어 자기 자신을 돌아보는 기회를 삼아야 한다.

셋째, 악에서 돌아서라.

이것은 모든 악에서 돌아서라는 뜻이다. 모든 형태의 악을 버리라는 뜻이다. 그것이 습관이든 취미든 연약함이든 실수든 제거하라는 뜻이다.

행하라는 권면

첫째, 선을 행하라.

모든 관계에서, 모든 사람에게 선을 베풀라는 말씀이다. 모든 면에서 선하게 살아가라는 뜻이다. 선은 한마디로 하나님을 닮는 것이다.

조금 더 구체적으로 말하면, 선은 멸망시키는 것이 아니라 회복시키는 것이고, 판단하는 것이 아니라 세워주는 것이며, 미워하는 것이 아니라 사랑하고 긍휼히 여기는 것이다. 우리의 말과 행동이 과연 이러한가?

둘째, 평화(화평)를 찾으라.

이는 평화를 추구하라는 뜻이며, 될 수 있는 한 세상과 평화를 유지하라는 뜻이다.

할 수 있거든 너희로서는 모든 사람과 더불어 화목하라 **롬 12:18**

악인에게나 의인에게서 동일하게 은혜 베푸시는 하나님을 기억하고, 그분께서 하시듯 우리 이웃에게도 하라는 뜻이다.

셋째, 평화(화평)를 따르라.

평화를 추구하는 것에서 끝나는 것이 아니라 평화를 유지하기 위해 열심을 내라는 뜻이다.

하나님을 경외하는 것은 절대 추상적인 개념이 아니다. 우리의 행동으로 나타나야만 한다. 우리 삶에서 반드시 맺혀야 하는 '거룩'이란 열매로 증명되어야 한다.

예배를 드린다 한들, 거룩함이 소멸되면 아무 소용이 없다. 찬양을 부른다 한들, 입술을 지켜내지 못한다면 그 찬양도 부정할 뿐이다. 하나님의 일을 한다 한들, 참된 선을 베풀지 못하고 평화를 일궈내지 못한다면 그 사역은 하나님이 받지 않으신다.

혀도, 입술도, 행동도 주님 때문에 정결할 수밖에 없는 것, 이것이 하나님을 위하여 완전히 성별된 삶이다.

강력한 확신

시편 34편 15-21절의 내용은 1-7절의 내용으로 다시 돌아간다. 우리는 하나님께 부르짖었고, 하나님은 우리의 간구를 들으시고 우리를 건지셨다는 영적 법칙과 영적 질서를 다시 상기시킨다. 그러면서 다윗은 우리에게 분명한 확신을 심어준다.

여호와의 눈은 의인을 향하시고 그의 귀는 그들의 부르짖음에 기울이시는도다 여호와의 얼굴은 악을 행하는 자를 향하사 그들의 자취를 땅에서 끊으려 하시는도다 시 34:15,16

하나님은 의인이나 악인이나 모두 동일하게 지켜보고 계신다. 그러나 그들을 대하시는 방법은 전혀 다르다. 주님은 의인을 불꽃 같은 눈동자로 살피시고, 그의 작은 신음 소리에도 응답하신다. 그들을 귀히 여기시기 때문이다.

반대로 주님은 악인을 향해서는 불쾌한 표정을 감추지 못하신다. 주님의 언짢은 얼굴이 그들을 향할 것이다. 그리고 그들을 멸망시키실 것이다.

17-20절에서 다윗은 보다 더 구체적으로, 하나님께서 어떻게 의인을 지키시고 보살피시는지를 기록하며 우리에게 확신을 갖게 해준다.

의인이 부르짖으매 여호와께서 들으시고 그들의 모든 환난에서 건지셨도다 여호와는 마음이 상한 자를 가까이 하시고 충심으로 통회하는 자를 구원하시는도다 의인은 고난이 많으나 여호와께서 그의 모든 고난에서 건지시는도다 그의 모든 뼈를 보호하심이여 그 중에서 하나도 꺾이지 아니하도다 시 34:17-20

어떤 질병의 예방이나 치료에 도움이 되는 약이 하나 개발되려면 수많은 임상시험을 통과해야만 한다. 수많은 사람이 동원되어 그 시험에 참여한다. 그런데 이 과정에서 심한 부작용이 발견되면, 그 약의 개발은 다시 원점으로 돌아가 연구가 다시 시작된다. 그 약이 시판되고 실제로 사용되기까지는 어느 정도의 확신이 요구되기 때문이다.

다윗은 여기서 이렇게 말하고 있는 것이다.

'하나님을 경외하는 인생이 어떻게 되는지 살펴보는 임상시험에 참여했고, 그 결과는 너무나 위대하였다! 실로 하나님은 자기를 경외하는 자를 지키시더라! 실로 하나님은 자기를 찾는 자를 외면치 않으시더라! 입과 입술과 행위를 거룩하게 한 의인이 부르짖으매, 여호와께서 들으시고 모든 환난에서 건지시더라. 마음이 상한 자를 반드시 가까이해주시고, 충심으로 통회하는 자를 반드시 구원하시더라. 의인을 모든 고난에서 건지시고, 그의 모든 뼈를 보호하시더라.'

다윗은 자신의 경험을 되돌아보며, 우리에게 확신을 안겨주고 있는 것이다. '그 어떤 임상시험보다 더 엄격하고 엄밀하게 준행되어 증명된 것이 바로 이것이다!'라는 뜻이다. 다윗을 비롯하여 정말 많은 이들이 하나님을 경험했다. 그러니 우리도 확신을 갖고, 여기에 승부를 걸어야 한다는 뜻이다.

특히, 하나님 자신이 직접 이 시험에 참여하셨다. 의인 중에 의인이신 예수님이 우리를 대신하여 고난을 받으셨다. 비록 예수님은 우리를 위하여 죄를 짊어지시고 죽음을 당할 수밖에 없었지만, 그런 상황 속에서도 하나님은 예수님의 뼈가 하나도 꺾이지 않게 하셨다. 하나님을 경외하는 제사로서의 온전함이 유지되게 해주신 것이다.

하나님께서 하나님을 경외하는 자를
이렇게까지 지키실진대,
우리에겐 하나님께 운명을 걸지 못할 이유가 없다.
젊은 사자는 궁핍하여 주릴지라도
여호와를 찾는 자는
모든 좋은 것에 부족함이 없을 것이다!

그러나 악인의 운명은 그렇지 않을 것이다. 순간 잘나가는 것 같아도, 끝이 좋지 않다는 것이다.

악이 악인을 죽일 것이라 의인을 미워하는 자는 벌을 받으리로다 여호와께서 그의 종들의 영혼을 속량하시나니 그에게 피하는 자는 다 벌을 받지 아니하리로다 시 34:21,22

하나님께서 의인을 위하여 악인에게 복수해주실 것이고, 그들에게 벌을 내려주실 것이다. 이것이 하나님의 공의이기 때문이다. 그러나 의인은 하나님께서 속량해주신다. 비록, 하늘에서 나팔이 울리고, 땅이 진동하고, 하늘이 불에 타 두루마리와 같이 말려도, 우리는 두려워할 필요가 없다.

"그에게 피하는 자는 다 벌을 받지 아니하리로다."

오히려, 우리는 주님을 기쁨으로 맞이할 것이다. 우리는 주님의 은혜를 높일 것이다!

시편 92:1-15

1-3 지존자여 십현금과 비파와 수금으로 여호와께 감사하며 주의 이
름을 찬양하고 아침마다 주의 인자하심을 알리며 밤마다 주의 성실하
심을 베풂이 좋으니이다 4 여호와여 주께서 행하신 일로 나를 기쁘게
하셨으니 주의 손이 행하신 일로 말미암아 내가 높이 외치리이다 5 여
호와여 주께서 행하신 일이 어찌 그리 크신지요 주의 생각이 매우 깊
으시니이다 … 12 의인은 종려나무 같이 번성하며 레바논의 백향목 같
이 성장하리로다 13 이는 여호와의 집에 심겼음이여 우리 하나님의 뜰
안에서 번성하리로다 14 그는 늙어도 여전히 결실하며 진액이 풍족하
고 빛이 청청하니 15 여호와의 정직하심과 나의 바위 되심과 그에게는
불의가 없음이 선포되리로다

감사 속에서 누리는 안식

감사는 우리 삶의 기반이다. 삶에 감사와 감격이 메마르면, 예배와 찬양은 무너지고, 안식과 평안은 사라지게 된다. 그래서 성경은 우리에게 감사하라고 일러준다.

범사에 감사하라 이것이 그리스도 예수 안에서 너희를 향하신 하나님의 뜻이니라 **살전 5:18**

그리스도의 평강이 너희 마음을 주장하게 하라 너희는 평강을 위하여 한 몸으로 부르심을 받았나니 너희는 또한 감사하는 자가 되라 **골 3:15**

매일 반복되는 지루한 일상 속에서 감사를 잊어버리진 않았는가? 끝나지 않는 고난 속에서 감사할 이유를 더 이상 찾지 못하고 있지는 않은가? 계속 무너지는 자신의 모습을 보며, 감사하기보다 하나님을 원망하고 있지는 않은가?

시편 92편의 말씀을 중심으로 우리 삶에 여전히 넘치는 감사 제목들을 짚어보며 감사를 되찾게 되길 바란다.

주의 인자하심과 성실하심에 감사하라

지존자여 십현금과 비파와 수금으로 여호와께 감사하며 주의 이름을 찬양하고 아침마다 주의 인자하심을 알리며 밤마다 주의 성실하심을 베풂이 좋으니이다 시 92:1-3

한글 개역개정성경에는 1-3절이 하나로 묶여 있지만, 영어성경으로 보면 1-3절이 각각 나뉘어 있다. 1절에서는 이렇게 선언한다.

"It is good to praise the LORD and make music to your name, O Most High,"(지존자여 주를 찬양하며 주의 이름을 향하여 연주함이 좋으니이다).

주께 감사하며 찬양하는 것 자체도 좋은 것이고, 그 결과도 좋은 것이다. 감사할 제목에 대해 감사하는 것은 이치에 맞는 것이고, 하나님 앞에 선한 것이며, 우리의 삶에 아름다운 예배로 열매 맺을 수 있는 것이다.

영어성경은 2절을 이렇게 기록한다.

"proclaiming your love in the morning and your faithful-ness at night,"(아침에는 주의 사랑을, 그리고 밤에는 주의 신실하심을 선포하는 것이 [좋으니이다]).

한글 성경에는 "아침에 주의 인자하심을 나타내며"라고 되어 있는데, 원어로 보면 이 부분에 '헤세드'(Hesed)라는 단어가 사용되고 있다. 이 단어는 단순한 '사랑'이나 '인자함'이 아니다. 영어성경 일부 버전에는 'lovingkindness'(자애)라는 단어로 번역하고 있지만, 이 단어도 원어의 의미를 잘 살린 단어는 아니다.

'헤세드'를 영어나 우리말로 그 의미를 정확히 살려 직역하는 것은 불가능하다. 하지만 이해를 돕기 위해 이 단어의 의미를 구약성경을 배경으로 요약하여 정의하자면, '사랑하다, 친절히 대하다, 의리를 지키다, 긍휼히 여기다'이다.

시편 기자는 주님의 '헤세드'를 아침에 선포한다고 한다.

'오늘 하루도 주께서 나를 사랑해주실 것이다!'
'오늘 하루도 주께서 나를 친절히 대해주실 것이다!'
'오늘 하루도 주께서 나에게 긍휼을 베풀어주실 것이다!'

이렇게 선포하며 미리 감사하는 것이다.

그리고 이어서 "밤마다 주의 성실하심을" 선포하는 것이 좋다고 고백한다.

하루를 마무리하며 고백할 수밖에 없는 것은 '오늘도 주께서 지키셨습니다. 오늘도 주께서 채우셨습니다. 오늘도 주께서 인도하셨습니다. 오늘도 주께서 주의 신실하심을 증명하셨습니다'이다. 이렇게 감사하는 것이 좋다는 것이다.

그렇다. 하루를 맞이하며 주의 헤세드를 향해 미리 감사하는 것, 그리고 하루를 마무리하며 주의 신실하심에 대해 감사하는 것, 이것이 우리가 해야 하는 감사의 생활이다.

영어성경은 3절은 다음과 같이 기록한다.

"to the music of the ten-stringed lyre and the melody of the harp"(십현금과 비파와 수금의 소리로 [여호와께 감사하라]).

모든 악기를 동원해서 주님께 감사를 표하라는 뜻이다. 특히 '하모니'(화음)으로 감사하라는 것이 보다 더 정확한 번역이다. 여러 가지 소리가 모였지만, 서로 충돌하지 않고 아름다운 조화를 이룬 상태를 의미하는 것이다.

찬양은 하나님이 주인공이시고, 감사가 주제이며, 은혜가 원동력이다. 찬양의 방법과 도구는 다양하다. 그러나 찬양에는 곡조와 박자라는 엄격한 질서가 요구된다. 더 나아가, 찬양은 서로의 음량과 음향과 음색이라는 틀 안에서 절제되어야 하는 것이다. 그렇게 해야 아름다운 조화를 이룰 수 있는 것이다.

주의 모든 행사에 감사하라

여호와여 주께서 행하신 일로 나를 기쁘게 하셨으니 주의 손이 행하신 일
로 말미암아 내가 높이 외치리이다 여호와여 주께서 행하신 일이 어찌 그
리 크신지요 주의 생각이 매우 깊으시니이다 어리석은 자도 알지 못하며
무지한 자도 이를 깨닫지 못하나이다 시 92:4-6

간혹 하나님에 대해 단단히 오해하고 있는 사람이 있다. 하나님
께서 우리의 기쁨은 별로 중요하게 생각하지 않으신다는 잘못된 생
각이다. 이런 오해가 있으면 하나님의 뜻을 바로 헤아리지 못하게
된다.

가끔 이런 질문을 받는다.

"저는 정말 목회하기 싫은데, 하나님께서 저를 목회자로 부르시
면 어떻게 하지요?"

나는 이 질문에 이렇게 대답한다.

"하기 싫으면 하지 않으면 됩니다. 하기 싫은 사람에게 억지로 시
켜 가면서까지 일하셔야 할 정도로 일꾼이 부족한 하나님이 아니십
니다. 형제님(자매님) 말고도 할 사람이 많습니다. 오히려 기쁨으로
할 사람이 많습니다. 하기 싫은데 하나님께서 억지로 자기를 부르
신다는 착각에서 깨어나십시오."

하나님은 우리에게 기쁨을 주기 원하시는 분이다. 물론 거룩함과

의로움과 선함이라는 범위 안에서 허락되는 기쁨이다. 주님은 이런 기쁨을 우리에게 주시기 위하여 일하신다. 그래서 4절에서 이렇게 감사하고 있는 것이다.

"여호와여 주께서 행하신 일로 나를 기쁘게 하셨으니 주의 손이 행하신 일로 말미암아 내가 높이 외치리이다."

주의 손이 행하신 일을 곱씹어보자. 주의 손이 스치신 나의 인생을 되돌아보자. 주의 손이 붙드신 나의 가정을 보자. 주의 손이 만지신 나의 상처, 주의 손이 이루신 수많은 역사를 되새겨보자. 주께서 행하신 일들로 나를 어떻게 기쁘게 하셨는지 생각해보자. 주의 행사로 어떻게 오늘의 내가 있게 하셨는지 생각해보길 바란다.

주의 행사는 실로 크시다. 그래서 우리는 주께서 행하시는 모든 일을 다 볼 수는 없다. 부분적으로만 목격하며 감탄할 뿐이다. 더 나아가, 주의 생각은 심히 깊으시다. 그래서 우리가 주님의 뜻을 다 소화할 수는 없다. 주께서 허락해주시는 분량만 이해하고, 나머지는 주의 선하신 계획을 신뢰할 뿐이다.

"…주의 생각이 매우 깊으시니이다."

여기서 '깊다'라는 단어는 영어로 'profound'로 번역되어 있는데, 이는 '깊다'라는 의미도 있지만 '다면적이다'라는 뜻도 있다. 우리를 향하신 하나님의 생각은 다면적이다. 단순하지 않다.

하나님은 지금의 기쁨도 생각하시지만, 나중의 기쁨도 생각하신다. 우리가 구하는 기쁨도 생각하시지만, 거룩함과 의로움과 선함도 생각하신다. 그렇게 우리를 기쁘게 하시기 위하여, 다시 말해 우리에게 최선의 것을 주시기 위하여 "주의 생각이 매우" 깊으신 것이다. 이 얼마나 감사할 일인가!

이는 하나님께서 우리의 인생을 가볍게 생각하지 않으신다는 것이다. 그냥 상황이 흘러가는 대로 가게 놔두지 않으신다는 뜻이다. 우리의 일거수일투족이 주님의 선하신 목적을 향하여 주님의 계획 안에서 진행되게 하신다. 따라서 우리 삶에 일어나는 모든 아픔도 주님의 매우 깊은 생각 안에 있는 것이며, 이미 주님의 완벽한 경영 안에 있는 것이다.

주님의 크신 행사와 깊은 생각을 인지하지 못하는 이들에 대해 시편 기자는 6절에서 다음과 같이 말한다.

어리석은 자도 알지 못하며 무지한 자도 이를 깨닫지 못하나이다 시 92:6

어리석은 자들은, 주님의 생각이 단순하다고 단정 짓는 이들이다. 주님의 생각이 단면적이라고 오해하는 이들이다. 주님의 생각이 자기와 같을 것이라고 착각하는 이들이다. 이런 자들은 주의 생각이 매우 깊으신 것을 깨닫지 못한다.

주님의 영원히 지존하심에 감사하라

악인들은 풀같이 자라고 악을 행하는 자들은 다 흥왕할지라도 영원히 멸망하리이다 여호와여 주는 영원토록 지존하시니이다 여호와여 주의 원수들은 패망하리이다 정녕 주의 원수들은 패망하리니 죄악을 행하는 자들은 다 흩어지리이다 시 92:7-9

이것은 하나님의 원수의 운명에 대한 내용이다. 그들은 잠시 "흥왕할지라도 [결국은] 영원히 멸망"하게 되어 있다. 여기서 악인을 풀에 비유하면서 그들이 '풀같이 자란다'라고 하는데, 이는 매우 쉽고 빠르게 자란다는 뜻이다. 하지만 그들의 수명도 풀과 같다는 사실을 알기 바란다. 그들은 순식간에 시들어 죽게 되어 있다.

그러나 너무나 감사한 것은, 우리 주님은 영원토록 지존하신다는 진리다. 주의 원수들은 패망하여도 주님은 세세무궁토록 높임을 받으실 것이다.

"여호와여 주는 영원토록 지존하시니이다."

여기서 '영원토록 지존하시다'가 영어성경에는 'foreve rexalted'(영원토록 높임을 받을지어다)로 번역되어 있는데, 이것이 더 정확한 번역이다. 역사 속에 끊임없이 등장하는 수많은 악인들이 아무리 순간적으로 흥한다고 할지라도, 영원토록 높임을 받으실 최후의 승자는 주님 한 분이라는 뜻이다. 원수의 웅장한 안개가 다 걷힌 후에,

여전히 서 계신 분은 지존하신 하나님 한 분이시다!

이사야 선지자는 같은 맥락에서 이런 말을 했다.

> …모든 육체는 풀이요 그의 모든 아름다움은 들의 꽃과 같으니 풀은 마르고 꽃이 시듦은 여호와의 기운이 그 위에 붊이라 이 백성은 실로 풀이로다 풀은 마르고 꽃은 시드나 우리 하나님의 말씀은 영원히 서리라 하라 사 40:6-8

공동묘지에 가보면 대부분의 사람들이 묘지에 꽃을 두고 가는 반면, 유대인들은 돌을 두고 간다고 한다. 꽃은 시드나 돌은 그렇지 않기 때문이다. 하나님 안에 있는 우리의 신분, 그리고 우리가 주님께 받은 언약은 돌과 같은 존재다. 풀이나 꽃과 같이 시들고 사라지지 않는 것이다.

우리는 일시적이고도 순간적으로, 혹은 과정에 있어서 누군가로 인해 힘들 수 있다. 살면서 얼마나 많은 악인들을 만나겠는가? 하지만 감사한 것은 우리의 운명은 주님 안에 영원토록 보장되어 있다는 사실이다. 그들은 패망하고 흩어지지만, 우리 주님은 영원토록 높임을 받으실 것이다. 그리고 우리도 주님과 함께 끝까지 서 있을 것이다.

교회를 핍박하던 수많은 제국은 사라졌지만, 교회는 여전히 살아 숨 쉬고 있다. 성도를 박해하던 수많은 독재자들은 죽었지만,

성도는 하나의 밀알이 되어 많은 열매를 맺었다. 신앙을 비웃었던 세상 철학과 과학은 결국 자기들이 빚어낸 사회적 문제들에 그 어떤 해결책을 내놓지 못하고 두 손 들었지만, 복음을 담은 우리는 죽어가는 세상을 살리고 있지 않은가.

주의 원수는 패망하고 죄악을 행하는 자는 다 흩어지지만, 영원히 지존하신 주께서 우리에게 새로운 능력과 힘을 주신다!

주께서 주시는 능력에 감사하라

그러나 주께서 내 뿔을 들소의 뿔같이 높이셨으며 내게 신선한 기름을 부으셨나이다 내 원수들이 보응 받는 것을 내 눈으로 보며 일어나 나를 치는 행악자들이 보응 받는 것을 내 귀로 들었도다 의인은 종려나무같이 번성하며 레바논의 백향목같이 성장하리로다 시 92:10-12

주님은 우리에게 능력을 주신다. 시편 기자는 "내 뿔을 들소의 뿔같이 높이셨으며"라고 고백하는데, 성경에서 '뿔'은 능력과 힘의 상징이다. 주님이 우리의 뿔을 들소의 뿔같이 강하게 하신다는 의미이기도 하다. 9절의 "주의 원수들은 패망하리니 죄악을 행하는 자들은 다 흩어지리이다"라는 말씀과 너무나 대조적이지 않은가?

우리 좌우로 악인이 망한다 해도, 주께서 우리에게 견디는 능력을 주신다는 약속이다. 온 세상이 뒤집힌다 해도, 주께서 자기 백성을 이기게 하신다는 확신이다.

주님은 우리의 모든 뿔을 높이 들어주실 것이다. 모든 능력을 공급해주실 것이다. 세상의 악함과 맞서서 싸우는 능력, 오늘의 현실을 견디는 능력, 고난 가운데 참는 능력, 타락한 세상에서 거룩하게 살아가는 능력, 세대를 본받지 않는 능력, 문화를 거스르는 능력, 핍박과 환난 앞에서도 눈 하나 깜빡하지 않는 능력, 가난과 외로움 속에서도 불안해하지 않는 능력, 그리고 어떠한 상황 속에서도 주님을 신뢰하는 능력을 더해주신다.

더 나아가 주님은 "신선한 기름을" 우리에게 부어주시겠다고 말씀하신다. 기름은 소생케 하는 능력을 의미한다. 회복을 의미하는 것이다. 즉, 우리를 새로운 능력으로 덮어주시겠다는 약속이다. 고갈된 힘을 다시 가득 채워주시겠다는 약속이다. 탈진한 자리에서 일어나게 해주시겠다는 약속이다.

결국, 우리의 두 눈으로 '원수의 보응'을 보게 될 것이다. 우리의 두 귀로 우리를 그토록 힘들게 했던 '행악자'에게 주님이 어떻게 갚으시는지 그 소식을 듣게 될 것이다.

이러한 축복과 특권 속에 있는 우리를 가리켜, 시편 기자는 이렇게 말한다.

"의인은 종려나무같이 번성하며 레바논의 백향목같이 성장하리로다."

지금까지 악인을 풀에 비유했던 시편 기자는 이제 의인을 종려나무에 비유하여 소개하고 있다. 우선, "의인은 종려나무같이 번성"한다고 한다. 종려나무는 녹색이 매우 진하며, 그 모습은 아름답고 장엄하기로 유명하다. 하나님께서 축복하시는 의인이 이와 같을 것이란 말이다.

비록, 종려나무같이 그들의 성장은 더딜 수 있으나, 그들은 반듯하고 높게 하늘을 향하여 뻗어 오른다. 종려나무가 마치 거대한 날개를 펼치듯이 그 가지를 펼치는 것처럼, 의인은 하나님께서 주신 거대한 영향력을 온 세상에 펼쳐낼 것이다. 이것이 그들의 아름다움이요, 장엄함이 되는 것이다.

또 의인은 "레바논의 백향목같이 성장"한다고 한다. 레바논의 백향목은 그 키가 약 40미터에 이를 만큼 성장한다. 레바논 국경선에 다가가면 멀리서도 가장 먼저 보이는 것이 바로 이 백향목이라고 한다.

또한 백향목은 고대 시대부터 많은 사랑을 받아온 나무다. 우선, 쉽게 죽거나 썩지 않기 때문이다. 알려지기로 레바논에는 약 천 년 된 백향목이 있다고 한다. 백향목은 또 쉽게 벌레가 먹지 않는다. 그래서 중요한 건축물을 지을 때 자주 사용된다고 한다.

주님 안에 있는 우리가 바로 이와 같은 존재라는 사실을 기억하고 감사하기 바란다. 우리는 성장은 더딘 것 같지만, 부패하거나 죽지 않는 존재다. 하늘을 향하여 높게 솟아오르는 존재다. 멀리서도 우리를 보며, 사람들이 하나님의 살아 계심과 위대하심을 인정할 것이다.

살아남는 능력, 이겨내는 능력, 소생되는 능력, 깨끗해지는 능력, 부패하지 않는 능력, 스스로 지켜내는 능력, 하늘을 향해 높이 뻗어오르는 능력, 멀리서도 사람들에게 하나님의 살아 계심과 위대하심을 인정케 하는 능력! 이것이 우리의 능력이다. 이러한 능력을 주신 주님께 감사하는 것이 마땅하지 않은가!

주 안의 안전함에 감사하라

이는 여호와의 집에 심겼음이여 우리 하나님의 뜰 안에서 번성하리로다
그는 늙어도 여전히 결실하며 진액이 풍족하고 빛이 청청하니 여호와의
정직하심과 나의 바위 되심과 그에게는 불의가 없음이 선포되리로다
시 92:13-15

우리는 여호와의 집에 심겼다. 완전한 하나님의 소유라는 뜻이다. 하나님의 관심과 애정과 사랑을 받고 살아간다는 뜻이다. 그 결과는 무엇인가?

"우리 하나님의 뜰 안에서 번성하리로다."

우리는 번성한다는 뜻이다. 우리가 맡은 역할을 감당케 된다는

뜻이다. 우리의 구실을 한다는 뜻이다. 우리의 사명을 성취한다는 뜻이다.

더 나아가 우리는 젊었을 때에만 이렇게 영향력을 발휘하는 것이 아니라 "늙어도 여전히 결실하며 진액이 풍족하고 빛이 청청"하다고 한다. 우리 나이와 관계없이 하나님을 섬기게 된다는 뜻이다. 세월의 흐름과 상관 없이 우리의 삶을 통하여 열매를 맺는다는 뜻이다.

"늙어도 여전히 결실하며…."

이러한 우리의 모습을 통하여 "여호와의 정직하심"을 나타낼 것이다. 하나님의 의로우심을 선전하게 된다는 것이다.

한마디로, 한평생 안전함 가운데 거하게 된다는 약속이다. 경제도, 정치도, 유행도 밀물과 썰물같이 요동치나, 우리의 삶은 한평생 존귀하게 쓰임 받기 때문이다.

감사를 통해 안식의 자리로

우리가 살펴본 시편 92편은 '안식일의 찬송 시'이다. 즉, 안식일로 들어가는 노래인 것이다.

참된 안식은 어디서 시작되는가?

주의 인자하심과 성실하심을 매일 아침과 밤으로 경험하고 감사하는 삶, 주의 모든 행사의 크심을 알고 주의 생각의 깊음을 인정하며 주님을 신뢰하는 삶, 주의 모든 원수는 멸망하나 주님과 나는 영원토록 함께 높임을 받는다는 확신에 가득찬 삶, 주께서 채우시는 모든 능력을 소유한 삶, 그리고 세월이 지나고 나이가 들어도 여전히 주님을 섬기는 안정된 삶, 이것을 경험하고 믿고 나아갈 때, 안식이 도래하는 것이다.

이러한 감사와 안식의 자리로,
그리하여 참된 예배의 자리로 나아가길 소망한다.
악화되어 가는 시대적 현실 속에서도
주께서 일으켜 세우시고
앞으로 전진하게 하시는
'불멸의 전파자'가 되길 기도한다.

PART

4

마지막 때를 사는 자,
위로를 받으리라

마태복음 24:37-39

37 노아의 때와 같이 인자의 임함도 그러하리라 38 홍수 전에 노아가 방주에 들어가던 날까지 사람들이 먹고 마시고 장가 들고 시집 가고 있으면서 39 홍수가 나서 그들을 다 멸하기까지 깨닫지 못하였으니 인자의 임함도 이와 같으리라

창세기 6:1-8

1 사람이 땅 위에 번성하기 시작할 때에 그들에게서 딸들이 나니 2 하나님의 아들들이 사람의 딸들의 아름다움을 보고 자기들이 좋아하는 모든 여자를 아내로 삼는지라 ⋯ 5 여호와께서 사람의 죄악이 세상에 가득함과 그의 마음으로 생각하는 모든 계획이 항상 악할 뿐임을 보시고 6 땅 위에 사람 지으셨음을 한탄하사 마음에 근심하시고 7 이르시되 내가 창조한 사람을 내가 지면에서 쓸어버리되 사람으로부터 가축과 기는 것과 공중의 새까지 그리하리니 이는 내가 그것들을 지었음을 한탄함이니라 하시니라 8 그러나 노아는 여호와께 은혜를 입었더라

chapter

10

지금은 노아의 때

우리는 오늘날 역사의 마지막 장을 살아가고 있다. 지금은 노아의 때와 같다. 주님 오실 날이 머지않았다. 그럼, 우리는 어떻게 준비하고 이때를 살아가야 하는 것인가? 그에 대한 답을 찾기 위해 마태복음 24장 37-39절과 창세기 6장 1-8절 말씀을 본문으로 살펴보려고 한다.

오늘의 현실

주님은 역사의 종말을 노아의 때에 비유하셨다.

노아의 때와 같이 인자의 임함도 그러하리라 **마 24:37**

우리는 현재 역사의 종말을 살아가고 있고, 점점 그 끝이 다가오고 있다. 자연환경이 우리에게 그러한 현실을 경고해주고 있다. 다가오는 거대한 기근을 알리고 있는 것이다. 탄식하며 신음하고 있는 지구는 각 처에서 땅이 갈라지고, 지금껏 경험해보지 못한 폭염으로 타오르고 있으며, 상상을 초월하는 태풍으로 큰 피해를 입고 있다.

사회는 나날이 사나워지고 있으며, 악해져가고 있다. 많은 것이 기계화되어가고 있으며, 그 속에서 우리는 인간성을 서서히 상실해가고 있다. 또, 얼마나 많은 흉악 범죄가 급증하고 있는가? 세상이 무법지대로 변해가고 있는 것 같다. 다들 자기가 옳다고 생각하는 대로 행하고 있는 현실이다.

불법이 성하므로 많은 사람의 사랑이 식어지리라 **마 24:12**

지금 세상 사람들의 마음에서 '법'이 사라져가고 있다. 자기가 기준이 되고, 개개인의 인권이 최우선이 되어가고 있기 때문이다. 그래서 논쟁도, 시위도, 논란도, 충돌도, 전쟁도 점진적으로 격해질 수밖에 없는 것이다.

그 속에서 사랑은 식어가고 있다. 다른 사람을 배려하지도, 심지어 그 존재를 인지하지도 않게 된다. 오직 자기중심적으로 살아가고 있다.

그런데 우리는 불감증에 걸린 듯 어떤 불안감도, 위기의식도, 심지어 우울함도 느끼지 못하고 여전히 "먹고 마시고 장가들고 시집가고" 있다. 주님은 이것에 대해 지적하신 것이다.

홍수 전에 노아가 방주에 들어가던 날까지 사람들이 먹고 마시고 장가들고 시집가고 있으면서 홍수가 나서 그들을 다 멸하기까지 깨닫지 못하였으니 인자의 임함도 이와 같으리라 마 24:38,39

살얼음 위에 서 있는 우리다. 그 얼음은 이미 녹고 있다. 그런데 우리는 여전히 무엇을 먹고살지, 노후를 어떻게 대비할지, 어디에 집을 살지, 어디에 투자할지에 너무나 많은 시간과 관심과 열정과 열심을 기울이며, 생각과 인생을 허비하고 있다.

그렇게 우리가 정신없이 허송세월하는 사이, 주님의 날은 다가올 것이다. 우리가 분주하게 인생을 살아가는 도중에 심판은 갑자기 임할 것이다.

이제 주님이 우리에게 말씀하시는 초청과 경고의 음성에 귀와 마음을 열기를 바란다. 더 늦기 전에 우리의 삶을 구조조정하길 바란다. 내려놓을 것은 내려놓고, 정리할 것은 정리하자. 회개할 것은 회개하고, 청산할 것은 청산하며, 서원한 것은 갚고, 감당할 사명을 위해 다시 한번 허리띠를 동여매고 일어나자.

주님은 "노아의 때와 같이 인자의 임함도 그러하리라"라고 하셨는데, 그렇다면 오늘의 현실을 좀 더 깊이 생각해보기 위해 그 '노아의 때'가 어떠했는지 구체적으로 살펴볼 필요가 있다. 이제 그날의 상황을 살펴보자.

그날의 상황

사람이 땅 위에 번성하기 시작할 때에 그들에게서 딸들이 나니 **창 6:1**

그때에 사람이 땅 위에 번성했다고 한다. 창세기 6장 바로 전에는 아담부터 노아까지의 계보가 기록되어 있다. 그 계보에 보면, 930세를 산 아담을 시작으로 969세를 산 므두셀라에 이르기까지, 당시 사람들은 장수했다는 사실을 알 수 있다.

그 긴 세월 동안, 그들은 번성했다고 한다. 약 천 년을 살면서 자손을 낳았으니, 그 자손의 숫자가 얼마나 되는지 헤아리기 쉽지 않았을 것이다.

오늘날 지구상의 큰 문제 중 하나가 인구문제다. 우리나라의 저출산 문제가 심각한 사회 문제로 대두되는 것과 별개로, 세계 인구는 계속 증가 추세다. 이는 세계 식량 문제나 환경 문제 등의 위험으로 이어질 수 있다.

그런데 여기서 한 가지 희한한 표현이 등장한다.

"그들에게서 딸들이 나니."

성경의 기록은 가부장적 사회 배경에서 쓰였다. 그런데 왜 여기서 성경 기자는 '딸들'에 조명을 맞추고 있는 것일까? '사람이 땅 위에 번성하기 시작할 때에 그들에게서 아들들이 나니'라고 해야 문화적으로 어울리는 표현일 것 같은데 말이다.

계속해서 2절을 보면 이렇게 기록하고 있다.

하나님의 아들들이 사람의 딸들의 아름다움을 보고 자기들이 좋아하는 모든 여자를 아내로 삼는지라 **창 6:2**

'하나님의 아들들'에 대한 해석들

여기서도 이해하기 어려운 표현이 보인다. '하나님의 아들들'은 무엇을 의미하며, '사람의 딸들'과는 어떻게 구분되는 것인가? 이를 해석하는 몇 가지 견해가 있다.

첫 번째로, '하나님의 아들들'은 셋의 자손을 의미하고, '사람의 딸들'은 가인으로부터 태어난 딸들을 의미한다는 해석이다. 이는 전통적인 신학에서 가장 널리 받아들여지고 있는 해석이다. 이 해석에 따르면, 하나님의 아들들이 사람의 딸들과 결혼했다는 것은, 신앙의 공동체가 그렇지 않은 이들과 섞이는 것에 대해 지적하는 말씀이라고 이해한다.

두 번째로, '하나님의 아들들'이 고대 군주들과 사회적 권력자를 가리킨다는 해석이다. 이 해석에 따르면 '사람의 딸들'은 서민의 딸들이라고 이해하면 된다. 이런 관점에서 볼 때, 사회적으로 권세를 가진 이들이 힘 없는 사람들을 자기가 원하는 대로 아내 삼았다고 해석할 수 있다. 폭력과 불의가 만연했던 것이다.

세 번째로, '하나님의 아들들'을 타락한 천사들로 해석하는 것이다. 사실, 이해하기 조금 어려운 해석이지만, 여러 주석서를 찾아보고 성경을 연구하면서 개인적으로 내가 맞다고 공감한 해석이다.

이렇게 해석하는 근거는, 성경에서 '하나님의 아들들'이란 표현이 천사를 가리키는 표현으로 쓰이고 있다는 점이다.

하루는 하나님의 아들들이 와서 여호와 앞에 섰고 사탄도 그들 가운데에 온지라 **욥 1:6**

또 하루는 하나님의 아들들이 와서 여호와 앞에 서고 사탄도 그들 가운데에 와서 여호와 앞에 서니 **욥 2:1**

그때에 새벽 별들이 기뻐 노래하며 하나님의 아들들이 다 기뻐 소리를 질렀느니라 **욥 38:7**

'하나님의 아들들'이란 표현이 욥기에 모두 세 번 나오는데, 세 번

모두 천사를 가리키는 표현으로 사용되었음을 볼 수 있다. 또한 가장 오래된 구약성경의 헬라어 사본인 '70인역'에 보면 '하나님의 아들들'이 '천사들'로 번역되어 있다. 이런 것을 근거로 창세기 6장의 '하나님의 아들들'은 사탄의 추종자들, 즉 타락한 천사들이었다고 해석하는 것이다.

이들이 어떻게 육체를 입었는지, 어떻게 육체를 빌렸는지, 혹은 어떻게 번식을 했는지 알 수는 없다. 하지만 한 가지 중요한 단서가 유다서에서 발견된다.

또 자기 지위를 지키지 아니하고 자기 처소를 떠난 천사들을 큰 날의 심판까지 영원한 결박으로 흑암에 가두셨으며 **유 1:6**

이 말씀에 따르면 자기 지위를 지키지 않고 자기 처소를 떠난 천사들이 있었다. 타락한 천사들이 자기의 영적 영역을 떠나 육체를 넘보기 시작했다는 뜻이다.

여기에는 한 가지 분명한 목적이 있어 보인다. 이는 앞에서 던진 "성경 기자는 왜 '딸들'에 초점을 맞추는가"라는 질문의 내용과 연결된다. 아담과 하와가 죄를 지었을 때 하나님께서 사탄에게 내리신 선고가 무엇이었는가?

내가 너로 여자와 원수가 되게 하고 네 후손도 여자의 후손과 원수가 되게 하리니 여자의 후손은 네 머리를 상하게 할 것이요 너는 그의 발꿈치를 상하게 할 것이니라 하시고 **창 3:15**

하나님의 이러한 선고를 받은 사탄과 그의 추종자들은 '여자'(사람의 딸들)를 통하여 탄생하는 인류의 영적 유전자를 오염시켜 하나님의 구원사를 방해하고, 메시아의 오심을 가로막으며, 모든 인간을 자기의 자손으로 삼고자 한 것이다.

대홍수와 네피림

물론 '하나님의 아들들'에 대한 해석은 여전히 성경 난제 중 하나이며, 이에 대한 정확한 해석이 우리로서는 불가능하다. 그러나 이와 같은 맥락에서 생각해볼 때, 노아 시대의 홍수 사건이 보다 극명하게 이해가 되기 시작한다.

사람들이 아무리 악하다고 해도, 하나님께서 홍수로 온 세상을 쓸어버린다는 것은 쉽사리 이해하기 쉬운 일은 아니다. 그러나 마귀의 유전자(DNA)를 가진 인구가 걷잡을 수 없이 번식하여 급증하고 있었다면 대홍수라는 극단적인 처방이 유일한 해결책 아니었을까?

이 같은 맥락에서 마귀와 인간 사이에서 태어난 자손이 심상치 않은 존재였던 것은 창세기 6장 3,4절에 기록되어 있다.

여호와께서 이르시되 나의 영이 영원히 사람과 함께하지 아니하리니 이는 그들이 육신이 됨이라 그러나 그들의 날은 백이십 년이 되리라 하시니라 당시에 땅에는 네피림이 있었고 그 후에도 하나님의 아들들이 사람의 딸들에게로 들어와 자식을 낳았으니 그들은 용사라 고대에 명성이 있는 사람들이었더라 창 6:3,4

여기엔 오해하기 쉬운 표현들이 여럿 나온다. 우선 "그들이 육신이 됨이라"라는 표현은 어떤 사건 후에 드디어 육신으로 변화되었다는 뜻이 아니라 'he is indeed flesh'(인간은 참으로 육체로다)라는 하나님의 실망의 표현이다. 그래서 하나님은 '나의 영이 사람과 함께하지 아니하리니'라고 하신 것이다.

그리고 "그들의 날은 백이십 년이 되리라"라는 표현으로, 노아 시대 이후 인간의 수명을 120년으로 단축시켰다고도 생각하는데, 이는 개개인의 수명을 최대 120년으로 한정하였다는 뜻이 아니라 이때로부터 120년 후에 홍수를 통해 세상을 심판하시겠다는 선언이었다.

당시 땅에 '네피림'이 있었다고 한다. 이들이 바로 '하나님의 아들들'과 '사람의 딸들' 사이에서 태어난 비정상적인 자손들이다. 이들은 거인이었다. 사탄과 마귀들을 통해 세상 권세와 부귀영화를 누리게 된 '용사요 고대에 명성이 있는 사람'이었던 것이다.

노아의 때처럼 죄악이 가득한 오늘날

어찌 보면 오늘날도 그리 다르지 않다고 생각한다. 사탄과 마귀는 오늘도 공중 권세를 잡고 있다. 그리고 그들은 삼킬 만한 세상의 왕들과 지도자들을 찾아다니며, 자기의 추종자와 수하인을 만들어내고자 한다.

> 그때에 너희는 그 가운데서 행하여 이 세상 풍조를 따르고 공중의 권세
> 잡은 자를 따랐으니 곧 지금 불순종의 아들들 가운데서 역사하는 영이라
> 엡 2:2

모든 문화 트렌드와 교육 체계와 유행 콘텐츠와 여론 형성과 과학과 기술과 역사의 흐름 위에 세상의 부와 권력을 쥐고 있는 기득권층이 있는 것 아닌가? 그래서 그들이 주도하는 것만 우리는 보고, 그들이 허락하는 방향으로만 우리는 간다.

사실 큰 틀에서, 우리에게 자유 선택이란 거의 없다. 자기가 선택하며 살아가고 있다고 착각하는 것뿐이다. 그런데, 그러한 세상 기득권층에게 권세를 부여해 준 것이 공중 권세를 잡은 사탄이다. 그렇기에 이 세상 속에서 정신을 바짝 차리지 않으면, 순식간에 "이 세상 풍조를 따르고 공중의 권세 잡은 자"를 따르게 되는 것이다.

노아의 때는 끝나지 않았다. 지금이 바로 노아의 때다. 사탄과 마귀에게 권세를 부여받은 이들이 다스리는 사회는 어떠한 구조로

형성되는지 상상이 가는가?

> 여호와께서 사람의 죄악이 세상에 가득함과 그의 마음으로 생각하는 모
> 든 계획이 항상 악할 뿐임을 보시고 땅 위에 사람 지으셨음을 한탄하사
> 마음에 근심하시고 창 6:5,6

사람의 죄악이 얼마나 심각한지 이보다 어떻게 더 잘 표현할 수 있을까 싶을 정도로 정확하게 기록되어 있다.

우선, "사람의 죄악이 세상에 가득함"을 보셨다고 한다. 즉, 죄악이 넓게 퍼진 것을 목격하신 것이다. 한 민족을 넘어, 모든 사람이 죄를 지은 것을 목격하신 것이다. 모든 사람이 동일하게 죄에 감염된 사실을 보시게 된 것이다.

그뿐만 아니라, 사람의 "마음으로 생각하는 모든 계획이 항상 악할 뿐임을" 보셨다고 한다. 기가 막힌다. 모든 계획이 항상 악하다고 하신다. 하나부터 열까지 다 악한 것이다. 선한 것이 하나도 없다는 뜻이다. 한시도 선한 때가 없고, 항상 악하며, 더럽고 혐오스러운 존재인 것이다.

이는 참으로 오늘날의 상황과 너무나도 똑같다. 천사가 자기의 범위를 넘어 인간의 세계로 들어오고, 인간의 여자가 타락한 천사의 아이를 낳았던 것같이, 오늘날 여자가 그 범위를 넘어 남자가 되려 하고 남자는 여자가 되려고 한다. 또 남자가 남자와 함께하고, 여

자와 여자가 결혼하는 것이 점차 합법화되어가고 있다. 미친 세상이 되었다. 생물학적 성(性)과 상관없이 자기가 정한 성으로 불러주어야 하는, 이상한 세상이 되어버렸다.

또 악한 영들이 판치고 있는 것이 노아의 때와 똑같다. 마귀가 감히 육신의 영역으로 내려오는 뻔뻔한 역사가 일어났던 것이 그때였다. 지금은 어떤가? 마귀가 사람을 홀리고 있으며, 수단과 방법을 가리지 않고 미혹하는 영을 풀어 교회와 성도들을 혼돈에 빠뜨리고 있다.

또 무엇이 똑같은가? 사람의 마음의 생각과 모든 계획이 항상 악한 것이 똑같다. 과학과 기술과 의학을 총동원해서 죄를 저지르는데 사용하고 있다. 사회의 법을 악용해서 범죄를 저지르고 있다. 또한 너무나 많이 파괴하고, 폭력적으로 물든 사회가 똑같다. 묻지마 범죄, 수많은 데이트 폭력 사건, 마약의 확산, 살인, 폭행, 보복 등 이루 다 말할 수 없는 사건 사고들로 인해 세상은 급속도로 병들고 있다.

기술과 산업이 발달하는 만큼 세상은 살기 좋아져야 하는데, 지금 정말 살기 좋은 세상이 되었는가?

주님이 오시는 발걸음 소리

하나님은 홍수를 내리시기 전에 이렇게 말씀하셨다.

그때에 온 땅이 하나님 앞에 부패하여 포악함이 땅에 가득한지라 하나님이 보신즉 땅이 부패하였으니 이는 땅에서 모든 혈육 있는 자의 행위가 부패함이었더라 하나님이 노아에게 이르시되 모든 혈육 있는 자의 포악함이 땅에 가득하므로 그 끝 날이 내 앞에 이르렀으니 내가 그들을 땅과 함께 멸하리라 창 6:11-13

그리고 마태복음에서 예수님은 분명하게 말씀하셨다.

노아의 때와 같이 인자의 임함도 그러하리라 홍수 전에 노아가 방주에 들어가던 날까지 사람들이 먹고 마시고 장가들고 시집가고 있으면서 홍수가 나서 그들을 다 멸하기까지 깨닫지 못하였으니 인자의 임함도 이와 같으리라 마 24:37-39

지금 우리는 주님이 오시는 발걸음 소리를 듣고 있다. 아직도 깨닫지 못하고 있는가? 아직도 듣지 못하고 있는가? 여전히 먹고 마시고 장가들고 시집가며 분주하고 정신없고 의미 없고 막연한, 혹은 게으른 삶을 살고 있지는 않은가? 지금은 노아의 때인 것을 우리는 깨달아야 한다.

노아의 시대를 사는 우리의 자세

그렇다면 이제 우리는 어떻게 준비해야 하는가? 도대체 어떠한 자세로 이 시대를 살아가야 하는가?

이르시되 내가 창조한 사람을 내가 지면에서 쓸어버리되 사람으로부터 가축과 기는 것과 공중의 새까지 그리하리니 이는 내가 그것들을 지었음을 한탄함이니라 하시니라 **창 6:7**

하나님은 세상을 바라보며 한탄하신다. 가슴 아파하셨다는 뜻이다. 우리가 생각하는 '후회'가 아니다. 하나님께는 '후회'라는 단어가 적용될 수 없다. 그분은 실수하지 않으시는 분이기 때문이다.

하나님은 이 과정이 굉장히 가슴 아프셨다. 그러나 이 과정에 대해 이미 다 알고 계셨다. 그리고 허용하셨다. 그럼 이렇게 될 것을 아심에도 불구하고 애당초 인간을 왜 창조하신 것인가?

죄를 저지른 적이 없는 인간은 하나님의 은혜를 모른다. 그러나 비록 죄를 저지르기는 했지만, 그리고 구속의 과정이 매우 길고 험난하고 특히 하나님이 치르셔야 했던 대가가 이루 말할 수 없이 컸지만, 이제 우리는 은혜를 안다.

그래서 죄로 인해 타락하기 전의 우리 모습보다, 예수 그리스도 안에서 언젠가 완성될 우리의 모습이 더 아름다워지는 것이다. 이것이 하나님의 최후 승리다.

하나님은 죄로 인하여 완전히 파괴되어버린 세상과 인류를 향하여 가슴 아파하셨다. 그런데 창세기 6장 8절에 보면 다음과 같은 기록이 있다.

그러나 노아는 여호와께 은혜를 입었더라 **창 6:8**

성경은 너무나 명확하게 기록하고 있다. 노아는 "여호와께 은혜를 [얻어 냈더라]"가 아니라 "은혜를 입었더라"라고 말이다. 하나님께서 일방적으로 은혜를 부으신 것이다. 그는 하나님을 의지하며 살았다. 그는 하나님께 기대며 살았다. 그는 당시 세상 방식대로 살지 않았다. 그는 당시 세상에서는 무지하게 여겨질 정도의 사람이었다. 그는 하나님의 눈동자에 합격되는 것에만 관심을 갖고 살았던 것이다.

로마서 5장 20절을 보자.

···죄가 더한 곳에 은혜가 더욱 넘쳤나니 **롬 5:20**

이 시대에 정말 깨끗하게, 정결하게, 순결하게, 거룩하게, 경건하게 살아가기란 정말 어렵다. 그러나 죄가 많은 곳에 은혜가 많다고 하지 않았던가? 이런 시대일수록, 우리를 긍휼히 여기시는 하나님의 은혜도 크다.

이렇게 악한 시대일수록 우리를 응원하시는 하나님의 은혜도 더더욱 크다는 사실을 기억하고, 그 은혜를 의지하는 것이 우리가 갖춰야 하는 자세이다.

이렇게 죄악이 세상이 관영하는 시대일수록, 우리를 도우시는 하나님의 은혜도 더더욱 크다는 사실을 마음에 새기고, 그 은혜에 기대어 사는 것이 우리가 여호와께 은혜를 입는 것이다.

이 시대에 믿음을 지키며 살라

그래서 본문 말씀 바로 뒤에 이어지는 구절에서는 노아에 대해 이렇게 소개하고 있다.

> …노아는 의인이요 당대에 완전한 자라 그는 하나님과 동행하였으며
>
> **창 6:9**

지금까지 이 말씀을 수없이 읽고 묵상했지만, 나는 그의 의로움과 완전함이 절대적인 기준에서 인정받은 줄 알았다. 그런데 이 말씀을 새롭게 묵상하면서 흐름을 이해하고 나니, 벽돌로 머리를 맞은 것처럼 정신이 번쩍 들며 깨닫게 된 것이 있었다. 그의 의로움과 완전함은 상대적이었다는 것이다. 영어 성경에는 더 정확하게 번역되어 있다.

"Noah was a righteous man, blameless among the people of his time."

'그의 시대에 그는 의로운 사람, 완전한 사람이었더라'라는 뜻이다. 그러나 우리가 이미 알고 있듯이, 그는 그렇게까지 의로운 사람도, 완전한 사람도 아니었다. 우리는 그의 연약함과 죄성을 잘 알고 있다.

그런데도 성경은 그를 의롭고 완전하다고 소개하고 있다. 그는 그 시대에 하나님을 신뢰하였고, 하나님과 동행하였으며, 하나님께 순종하였고, 하나님을 의지함으로 하나님의 은혜를 입었기 때문이다.

이 시대에 믿음을 지키며 살아간다고 하는 것은
결코 쉬운 일이 아니다.
그러나 죄가 많은 곳에 은혜가 많다고 하셨다.
이 땅에 죄가 흥건하면 흥건할수록,
주께서 남은 주의 백성에게 부어주시는
은혜도 더욱 크실 것이다.

비록 우리 신앙의 선배들에 비하면 우리가 한없이 부족할지라도, '이 시대 속에서 의인이요, 이 세대 속에서 완전한 자'라는 칭찬을 들을 수 있다면 얼마나 큰 영광이겠는가!

주님의 보물상자 안으로 들어가자

이 시대는 성령의 인 침을 받는 시대다. 예수 그리스도라는 방주 안에 깊이 숨어 물 위에 떠오르는 시대다.

노아의 때에 살아남은 사람들은 유일하게 그 방주 안으로 들어간 사람들뿐이었다. 방주는 무엇인가? 영어로는 'Noah's Ark' (노아의 상자)라고 한다. 하나님의 궤(The Ark of God)를 부를 때 사용하는 표현이다.

그렇다. 방주는 하나님의 보물상자인 것이다. 그래서 방주에는 키가 없었다. 방주는 항해를 위해 설계된 배가 아니었기 때문이다. 방주는 단순히 물 위에 떠 있기 위한 목적으로 만들어진 것이었다. 보호받기 위한 용도였던 것이다. 보관되기 위한 보물상자였다.

지금, 주님은 우리를 이 보물상자 안으로 들어오라고 부르고 계신다.

우리는 주님 안으로 더 깊이 더 깊이 들어가기를 바란다. 주님과의 은밀한 관계가 더 진실되고 절실해지길 바란다. 그리고 예수로부터 멀어지게 하는 것은 모두 단호히 잘라 내기 바란다. 주님의 영광을 보게 될 날이 곧 올 것이다!

고린도후서 1:1-4

1 하나님의 뜻으로 말미암아 그리스도 예수의 사도 된 바울과 형제 디모데는 고린도에 있는 하나님의 교회와 또 온 아가야에 있는 모든 성도에게 2 하나님 우리 아버지와 주 예수 그리스도로부터 은혜와 평강이 있기를 원하노라 3 찬송하리로다 그는 우리 주 예수 그리스도의 하나님이시요 자비의 아버지시요 모든 위로의 하나님이시며 4 우리의 모든 환난 중에서 우리를 위로하사 우리로 하여금 하나님께 받는 위로로써 모든 환난 중에 있는 자들을 능히 위로하게 하시는 이시로다

모든 위로의 하나님

현재, 우리는 모든 기반이 흔들리는 시대를 살아가고 있다. 세계 경제는 요동치고 있고, 자연환경은 악화하고 있으며, 전쟁 소식은 끊이지 않고, 기근과 지진과 재해와 사건과 사고와 범죄는 날로 급증하고 있다.

뿐만 아니라, 사회는 급속도로 타락해 가고 있으며, 그 안에 있는 나와 내 자녀들은 적지 않은 영향을 받으면서 살고 있다. 앞에서 말했듯이 역사의 마지막 장을 살아가고 있는 것이다.

그래서 우리는 크고 작은 근심을 안고 있다. 과거에 대한 아픔과 오늘에 대한 근심, 그리고 내일에 대한 불안과 씨름하며 살아가고 있다. 육신의 질병과 마음의 통증, 영혼의 공격과 맞서 매일매일 전투를 벌이고 있는 것이 우리의 삶이 아니겠는가?

우리는 하나님의 위로가 필요하다. 지나온 날들을 납득하고, 정리하고, 치유하기 위하여 하나님의 위로가 필요하다. 오늘의 숨 막히고, 답답하고, 까마득한 현실을 잘 견뎌내기 위하여 하나님의 위로가 필요하다. 그리고 앞으로 나아가기 위하여, 하나님의 위로가 필요하다.

앞으로 다가올 일들을 감당하기 위하여, 앞으로 닥칠 환난을 이겨 내기 위하여, 앞으로 임할 이별과 죽음과 투병과 빼앗김을 묵묵히 돌파하기 위하여, 우리가 상상할 수 없던 고난의 순간들을 준비하기 위하여 하나님의 위로가 필요한 것이다. 오늘 하나님은 그러한 위로를 우리에게 약속하고 계신다.

하나님의 위로와 그분의 은혜와 평강

우리는 초대교회에 대하여 일반적으로 긍정적인 인상을 가지고 있다. 오늘날의 교회와는 완전히 달랐을 것이라고 생각한다. 뭔가 더 분명하고, 경건하고, 거룩했을 것이라고 생각한다. 하지만 고린도교회는 도덕적인 문란함과 신학적인 무지함, 영적인 무질서 등으로 인하여 여러 가지 문제를 겪었다. 요즘 우리가 흔히 보고 듣고 접할 수 있는 불미스러운 일들과 매우 유사한 모습이다. 그러한 교회를 향하여 사도 바울은, 강한 경책과 책망과 권면을 아끼지 않고 쏟아냈다. 이것이 바로 고린도전서의 내용이다.

이로부터 시간이 조금 지난 후, 사도 바울은 또다시 붓을 잡고 교회를 향해 편지를 쓰게 된다. 고린도교회가 사도 바울의 첫 번째 편지에 반응하여 죄를 저지른 자들을 너무 지나치게 경책하고, 용서와 회복을 허용해주지 않았기 때문이다.

그래서 사도 바울은 고린도후서 2장에서 죄인을 향한 용서에 대해 가르치기 시작한다.

> 그런즉 너희는 차라리 그를 용서하고 위로할 것이니 그가 너무 많은 근심에 잠길까 두려워하노라 **고후 2:7**

이는 그리스도 안에 있는 새 언약을 아직 잘 이해하지 못한 1세기 크리스천들에게 꼭 필요한 교훈이었다. 복음의 엄격한 도덕적 요구와 회개하고 돌아온 영혼을 향한 하나님의 무한한 용서가 온전한 균형을 이루게 하는 것이다. 그러므로 3장에서 사도 바울은 새 언약에 대해 새로 정리해주고 있는 것이다.

이러한 목적으로 '고린도후서'라는 편지를 띄우게 된 사도 바울은 다음과 같이 막을 연다.

> 하나님의 뜻으로 말미암아 그리스도 예수의 사도 된 바울과 형제 디모데는 고린도에 있는 하나님의 교회와 또 온 아가야에 있는 모든 성도에게
> **고후 1:1**

우선, 사도 바울이 자기 자신에 대하여 구체적으로 소개하는 부분에 시선이 끌린다. 그는 자신을 "하나님의 뜻으로 말미암아 그리스도 예수의 사도 된 바울"이라고 소개하고 있다. 이것은 베드로가 서신에서 자신을 소개하는 부분과 너무나 대조된다. 베드로는 다음과 같이 자신을 소개했다.

예수 그리스도의 사도 베드로는 … 편지하노니… **벧전 1:1,2**

베드로는 자신에 대하여 변론하고, 변호하고, 자신의 사도로서의 정당성을 설명할 필요가 없는 사람이었다.

하지만 바울은 경우가 달랐다. 1세기 크리스천들에게 있어서 바울은 예수 그리스도 제자들의 원수요, 교회의 박해자였다. 따라서 그가 회심하고 사도가 되었다는 사실을 쉽게 믿어주는 사람은 지금 우리가 생각하는 것보다 많지 않았다. 그랬기에 그는 베드로와는 달리 자신에 대해 매번 이와 같이 변론하고, 변호하고, 사도로서 자신의 정당성을 설명할 필요가 있었던 것이다.

"하나님의 뜻으로 말미암아 그리스도 예수의 사도 된 바울"이라는 이 고백을 가만히 묵상해 보면, 참 은혜가 된다. 이것은 그 누구도 자기를 인정하지 않아도, 하나님이 자기를 세우셨다는 선포다. 그리고 이 선포는 자기가 누군가를 기쁘게 하기 위해 사도 된 것이 아니라, 그리스도를 섬기기 위해 사도가 된 것이라고 분명히 밝히고 있다.

이렇게 사도로 세워진 바울은 고린도와 아가야의 "모든 성도에게" 편지한다고 한다. 여기서 우리가 주목해야 하는 단어는 '성도'이다.

'성도'라는 단어는 영어로 'saint'로 우리말로는 '성자'라는 뜻이다. 일반적으로 우리는 성자라고 하면, 한평생을 거룩하게 살다가 죽은 인물을 떠올린다. 예를 들어 성 어거스틴과 같은 사람 말이다.

사도 바울은 고린도교회와 아가야의 크리스천들을 향하여 '성자'(성도)라고 불렀다. 이들은 도덕적으로 문란하고, 신학적으로 무지하며, 영적으로는 무질서해서 엄격하게 경책받은 대상이었다. 그런 이들을 향하여 사도 바울은 '성도'라고 부르는 것이다. 이게 어떻게 말이 되겠는가?

그것은 이 편지를 통해 나누고자 하는 내용 때문이다. 새 언약 안에 우리가 있기 때문이다. 예수 그리스도 안에 있기 때문이다. 하나님의 용서와 은혜와 위로의 수혜자이기 때문이다.

그래서 사도 바울은 다음과 같이 전한다.

하나님 우리 아버지와 주 예수 그리스도로부터 은혜와 평강이 있기를 원하노라 고후 1:2

사도 바울은 '하나님의 위로'라고 하는 확실한 근거를 기반으로 '은혜와 평강'을 교회와 성도에게 전한 것이다.

하나님의 위로의 범위

그럼 그가 교회와 성도에게 은혜와 평강을 전할 수 있었던 확실한 기반이 된 하나님의 위로는 도대체 어떠한 것인가?

찬송하리로다 그는 우리 주 예수 그리스도의 하나님이시요 자비의 아버지시요 모든 위로의 하나님이시며 **고후 1:3**

우선, 우리말 번역을 조금 수정해보려고 한다. 우리말로는 "그는 우리 주 예수 그리스도의 하나님이시요 자비의 아버지시요 모든 위로의 하나님이시며"라고 번역되어 있다. 그러나 조금 더 정확한 번역은 '그는 우리 주 예수 그리스도의 하나님과 아버지시요, 자비의 아버지시요, 모든 위로의 하나님이시라'이다.

3절에서 하나님을 "모든 위로의 하나님"이라고 소개하고 있는데, 이는 어느 한 종류의 위로가 아니며, 어떤 한 분야에 국한된 위로도 아니다. 하나님의 위로의 범위는 무한한 것임을 우리는 기억해야 한다.

사람을 사귀다 보면, 사람마다 줄 수 있는 위로가 다르고, 도움이 다른 것을 알 수 있다. 그런데 주님은 "모든 위로의 하나님"이라고 한다. 모든 위로에 능한 분이라는 뜻이다. 우리가 찾고 있는 위로가 바로 여기 있다. 문제가 무엇이든 말이다.

경제적인 문제인가? 자녀에 대한 고민인가? 진로에 대한 염려인가? 과거에 대한 후회인가? 자신에 대한 연민인가? 오늘에 대한 걱정인가? 건강에 대한 근심인가? 직장에 대한 책임인가? 사역에 대한 멍에인가? 가정에 대한 부담인가? 이별과 죽음에 대한 두려움인가? 지난 상처로 인해 형성된 긴장감인가? 저지른 죄로 인한 죄책감인가? 이뿐만 아니라, 이제부터 다가오는 시대에 일어날 여러 가지 일들에 대해 불안해하고 있지는 않은가?

그 모든 것을 향하여, 성경은 이렇게 말한다.

'너의 모든 문제를 주께 아뢰라! 그분은 모든 위로의 하나님이시라.'

아무것도 염려하지 말고 다만 모든 일에 기도와 간구로, 너희 구할 것을 감사함으로 하나님께 아뢰라 그리하면 모든 지각에 뛰어난 하나님의 평강이 그리스도 예수 안에서 너희 마음과 생각을 지키시리라 **빌 4:6,7**

하나님의 위로의 방법

하나님의 위로의 형태는 구체적으로 어떠한 것인가? 하나님은 우리를 어떻게 위로하시는가?

함께해주심

'위로'라는 단어는 원어로 '파라클레시스'(paraklesis)이다. 이것은 요한복음 14장 16절의 "내가 아버지께 구하겠으니 그가 또 다른 보혜사(파라클레토스)를 너희에게 주사 영원토록 너희와 함께 있게 하리니"에서 사용된 단어와 같다.

여기서 "너희와 함께 있게 하리니"라는 말을 통해, "보혜사"의 역할은 우리와 함께 있는 것임을 알 수 있다.

함께한다고 하는 것은, 동행하고 공감하고 측은히 여겨주신다는 뜻이 함축되어 있다. 하나님의 위로의 역사는 우리의 마음을 만져주시는 과정부터 시작된다는 것이다. 우리와 동행해주시고, 우리의 입장을 이해해주시며, 우리를 측은히 여겨주시는 것이다.

그렇게 할 수밖에 없었던 우리의 연약함을 불쌍히 여겨주시는 것이다. 넘어질 수밖에 없었던 우리의 무지함을 긍휼히 여겨주시는 것이다. 쓰러질 수밖에 없었던 우리의 부족함을 이해해주시는 것이다.

실질적인 도움을 주심

그런데 주님의 위로는 단순한 감정적 차원에서 멈추지 않는다. "보혜사"라는 단어는 '돕는 손길'(helper)을 의미한다. 즉, 하나님께서 우리에게 주시는 '위로'란, 실제적인 돕는 손길로 임한다는 뜻이다.

하나님의 이러한 도움을 받은 시편 기자는 다음과 같이 노래한다.

하나님은 우리의 피난처시요 힘이시니 환난 중에 만날 큰 도움이시라
시 46:1

이스라엘아 여호와를 의지하라 그는 너희의 도움이시요 너희의 방패시
로다 시 115:9

또, 다윗을 기념하는 시는 이렇게 노래한다.

나는 가난하고 궁핍하오니 하나님이여 속히 내게 임하소서 주는 나의 도
움이시요 나를 건지시는 이시오니 여호와여 지체하지 마소서 시 70:5

그리고 시편 121편에서는 이렇게 고백하고 있다.

내가 산을 향하여 눈을 들리라 나의 도움이 어디서 올까 나의 도움은 천
지를 지으신 여호와에게서로다 시 121:1,2

그렇다. 사람이 주는 위로는 감정적인 통증 완화 정도의 역할은
할 수 있을지 모르지만, 하나님께서 주시는 위로는 실질적인 도움이
라는 사실을 기억하길 바란다. 그래서 환난 가운데에도 우리는 은
혜와 평강을 누릴 수 있는 것이다.

환난 날에 나를 부르라 내가 너를 건지리니 네가 나를 영화롭게 하리로다

시 50:15

용기를 주심

더 나아가, 주님의 위로는 다른 면도 있다. 헬라어로는 '파라클레시스'라는 단어로 기록되어 있지만, 이는 라틴어로 '포르티스'(fortis)라고 표현되는데, 이 단어는 '용기를 주다, 강하게 만들다'라는 의미를 지닌다.

즉, 하나님께서 우리에게 주시는 위로는 감정적으로 통증을 완화하고 실제적인 도움을 가져다주는 차원에서 끝나는 것이 아니라, 거기서 더 나아가 우리에게 용기와 담대함을 불어넣어 주고, 우리를 강하게 만들어주는 것이 목적이라는 사실이다.

사람에게는 이러한 양면성이 필요하다. 따뜻함과 엄격함의 균형이 필요하다. 당근과 채찍이 둘 다 필요한 것이다. 그래야 우리는 바로 설 수 있다.

우리에 대해 너무나 잘 아시는 아버지 하나님께서는 우리를 이렇게 대하고 계신다.

'너는 그렇게 할 수밖에 없었지. 다 안다. 이해한다. 참 힘들었겠구나. 그 속에서도 참 잘 견뎠다. 참 잘했다. 그런데 이제는 일어나야지. 이제는 앞으로 나아가야지. 언제까지 이대로 있을 수는 없지 않으냐! 또 한 번의 성장을 위하여 일어나자. 또 한 번의 성화를 위

하여 달려가자. 이제 완주를 위해 힘을 내자! 용기를 내어라! 담대하라! 주저앉은 자리에서 이제 일어나라! 언제까지 주저앉아 있느냐! 다시 시작할 때다!'

이러한 균형이 하나님의 "모든 위로" 안에 내포된 것이다. 이것이야말로 그리스도 예수 안에 있는 새 언약의 소유자만이 누릴 수 있는 특권이다.

고난을 헤쳐나가게 하심

마지막으로, 하나님의 위로는 또 한 가지 형태인 '환난'으로 우리의 삶에 임한다.

4절 말씀에 보면, '환난'이라는 단어가 등장하는데, 이것은 원어로 '들립시스'(thlipsis)라는 단어다. 이 표현은 우리가 일반적으로 '환난'이라고 해석하고 이해하는 정도의 단순한 의미가 아니다. 여기서 말하는 환난은 고난이 점진적으로, 지속적으로 가중되어가고 있는 상태를 말한다.

예시로, 고대 대영제국에서 집행되었던 처형 방법을 언급할 수 있겠다. 당시 그들은 사형당할 죄수를 땅에 눕히고, 무거운 돌덩어리를 하나씩 그의 몸 위에 얹어서 그 중량에 눌려 압사할 때까지 쌓아 올렸다. 이 단어가 전하고자 하는 뉘앙스가 바로 그러한 그림이다. 점진적으로, 지속적으로 가중되어 가는 고통, 통증, 고난, 환난인 것이다.

이것에 대해 4절에서는 다음과 같이 기록하고 있다.

우리의 모든 환난 중에서 우리를 위로하사… **고후 1:4**

'우리의 삶에 점진적으로, 지속적으로 가중되어 가는 걱정과 염려와 상처와 두려움과 아픔과 문제와 고민과 핍박과 통증과 질병과 고독함과 정신적 압력과 사회적 책임과 가정에 대한 책임과 경제적 부담과 다가오는 환난에서 우리를 위로하사…' 우리의 짐을 가볍게 하신다는 뜻이다. 대신 짊어져주신다는 뜻이다. 현재 우리를 짓누르고 있는 산더미와 같은 고난을 헤쳐 나가게 해주신다는 뜻이다. 이것이 하나님의 위로다.

수고하고 무거운 짐 진 자들아 다 내게로 오라 내가 너희를 쉬게 하리라 나는 마음이 온유하고 겸손하니 나의 멍에를 메고 내게 배우라 그리하면 너희 마음이 쉼을 얻으리니 이는 내 멍에는 쉽고 내 짐은 가벼움이라 하시니라 **마 11:28-30**

하나님의 위로의 도구

이제 마지막으로, 주님께서 우리를 위로하시기 위해 사용하시는 그 위로의 도구에 대해 살펴보자.

하나님께서 사용하시는 위로의 도구에 대하여 4절 말씀은 다음과 같이 소개하고 기록하고 있다.

> 우리의 모든 환난 중에서 우리를 위로하사 우리로 하여금 하나님께 받는 위로로써 모든 환난 중에 있는 자들을 능히 위로하게 하시는 이시로다
>
> **고후 1:4**

즉, 하나님은 어떠한 사람을 위로하심으로써 그 사람을 다른 이들을 위로하는 도구로 사용하신다는 뜻이다.

사도 바울은 이것을 개인의 삶에서도 수없이 경험하여 잘 알고 있었다. 그래서 그는 5,6절에서 이렇게 말한다.

> 그리스도의 고난이 우리에게 넘친 것같이 우리가 받는 위로도 그리스도로 말미암아 넘치는도다 우리가 환난 당하는 것도 너희가 위로와 구원을 받게 하려는 것이요 우리가 위로를 받는 것도 너희가 위로를 받게 하려는 것이니 이 위로가 너희 속에 역사하여 우리가 받는 것 같은 고난을 너희도 견디게 하느니라 **고후 1:5,6**

사도 바울의 논리는 다음과 같다. 그가 예수 그리스도의 고난에 동참하였으니, 그는 예수 그리스도의 위로에도 동참할 수 있었다는 것이다. 이로 인하여, 그는 고린도와 아가야의 성도들을 더 잘 섬길

수 있는 훌륭한 사역자로 준비될 수 있었다. 하나님을 더 깊이 만날 수 있었고, 복음을 더 깊이 체험할 수 있었으며, 그 나라의 더 크고 비밀한 것들을 깨달을 수 있었기 때문이다. 따라서 자신이 고난받는 것도, 위로받는 것도 모두 그들을 위한 것이라는 말이다.

이것이 하나님께서 일하시는 방법이다.
절대로 무의미한 고난은 없다.

오늘 우리의 눈물이 내일 그들의 눈물을 닦아주게 될 것이다. 오늘 우리의 아픔이 내일 그들을 싸매어 줄 것이다. 오늘 우리의 밤을 지새우는 근심이 내일 그들에게 소망을 선포할 나팔이 될 것이다. 오늘 우리의 가슴시리는 고독이 내일 그들을 예수로 채울 손길이 될 것이다. 오늘 우리의 가난이 내일 그들의 궁핍함을 위로할 능력이 될 것이다.

그러니 오늘의 고난으로 인하여 침몰되지 말고 주님의 위로를 기대하자. 주님께서 우리를 보내실 사람들을 기대하자.

또한 하나님께서 오늘 나에게 위로로 보내신 사람들을 알아보는 은혜가 있기를 바란다. 하나님의 손길은 멀리 있지 않다. 너무나 많은 경우 어떠한 신비적인 형태가 아니라, 인격적인 모습으로 우리의 삶에 이미 와 계신다. 주님이 보내신 사람으로 우리의 삶에 이미 와 있는 것이다.

그러니 하나님의 위로를 경험한 적이 있다면 언제까지나 주저앉아 있지 말고, 이제는 일어나서 다른 이들을 위로하기 위해 나아가기를 바란다. 이것이 주님의 뜻이다. 주님은 우리를 통하여 수많은 이들을 위로하기를 원하고 계시다.

깨진 가정, 상처 난 영혼, 버림받은 아이들, 불안에 떨고 있는 사람들, 용서받을 수 없다고 자책하는 자들, 불면증에 시달리고 있는 젊은이들, 꿈이 사라진 청소년들, 소망을 접은 가장들, 자녀를 잃은 부모들, 질병을 앓는 육체들, 이 모두가 우리가 찾아가야 할 위로의 대상이다.

그들의 마음을 만져주고, 실제적인 도움의 손길이 되어주며, 용기와 담대함으로 불어넣어 우뚝 서게 하고, 무거운 짐을 함께 짊어져주는 일을 함께 해보지 않겠는가!

> 내가 여호와를 찬송하리니
> 이는 주께서 내게 은덕을 베푸심이로다
>
> 시편 13:6

"지금까지 지내온 것 주의 크신 은혜라."

살아오면서 이 고백을 얼마나 많이 했는지 모른다. 내가 강단에 설 수 있었던 것도, 영광의 복음을 전할 수 있었던 것도, 감히 주님의 종으로 불릴 수 있었던 것도 모두 다 주님의 은혜였다.

지나온 여정을 돌이켜 생각해보면 참으로 너무나 많은 위험이 도사리고 있는 여정이었다. 그러나 나를 부르신 주님은 위험한 모든 것들로부터 나를 지켜 내셨다. 이 얼마나 큰 은혜인가!

이제까지의 세월은 주님의 손을 꼭 붙잡고 걸어온 여정이었다. 나는 그 손을 놓치지 않으려고 안간힘을 썼다. 그럼에도 불구하고 놓칠 때도 있었다. 주님의 음성이 잘 들리지 않을 때도 있었다. 주님의 얼굴이 잘 보이지 않을 때도 있었다. 때로는 넘어지고, 때로는 불평하고, 때로는 힘들어하기도 했다.

그러나 주님은 언제나 나에게 신실하셨다. 주님은 사랑과 긍휼로 나를 대해주셨다. 내가 주님의 손을 놓쳤을 때, 그제야 나는 알게 되었다. 내가 주님의 손을 잡고 있어서 이 길을 가는 것이 아니라, 주님께서 내 손을 강하게 잡고 계시기에 이 길을 가고 있다는 사실을!

그렇다. 나는 오직 주의 은혜로 설 수 있었고, 걸어올 수 있었으며, 이제 달려갈 수 있게 된 것이다!

주님의 은혜를 깨닫는 만큼 조금씩 철이 들어가는 것 같다. 비록, 이전에 비해 표면적으로는 내 열정의 불길이 잔잔해진 것같이 보인다 해도, 나는 이전보다 더 주님을 사랑한다.

나의 삶은 이전 그 어느 때보다 더 단순하다. 주님을 향한 나의 집중력은 이전 그 어느 때보다 더 날카롭다. 나는 내 안에 계신 성령님의 표정에 더 민감하다.

세월 속에서 육신은 쇠하여 가나, 나의 영혼은 매일 새로워지고 있다. 이전에 비해 기초 대사량은 낮아지고, 체지방은 증가하고, 근육량은 감소했지만, 나의 영적 성장은 끊임없이 지속되고 있다.

그러므로 우리가 낙심하지 아니하노니 우리의 겉사람은 낡아지나 우리의

속사람은 날로 새로워지도다 **고후 4:16**

나는 주님께 오늘도 속삭인다.

"주님, 남은 세월 동안, 더 철 든 종이 될게요."

'불멸의 전파자'가 된다는 것은 우리가 강해서가 아니다. 우리는 강철 같은 존재가 아니다. 우리는 질그릇과 같은 존재라고 하지 않았는가.

그러나 어떠한 연약함과 부족함 속에서도 우리가 도전할 수 있는 것은, 주님의 신실하심이 우리를 지탱하고 있기 때문이다. 어떠한 실수와 잘못과 넘어짐 속에서도 우리가 다시 일어날 수 있는 것은, 주님의 용서가 우리의 인생을 감싸고 있기 때문이다. 어떠한 위험과 시험과 공격 앞에서도 우리가 포기하지 않는 것은, 주께서 세상 끝날까지 우리와 함께해주시기 때문이다.

이제 우리는 예수님의 이름으로 자기연민을 털어버리자. 지난날의 후회와 죄책감을 예수의 보혈로 덮어버리자. 오늘의 근심과 걱정을 아버지께 올려드리자. 우리의 연약함을 성령님의 손에 맡겨드리

자. 그리고 남은 사명을 위하여 다시 일어나자. 나를 후하게 채워주시고, 선하게 대해주시며, 은혜로 입혀주시는 주님을 위하여 '불멸의 전파자'로 살아드리자!

불멸의 전파자

초판 1쇄 발행　2025년 1월 24일

지은이　다니엘 김

펴낸이　여진구
책임편집　이영주 박소영
편집　최현수 구주은 안수경 김도연 김아진 정아혜
책임디자인　마영애 | 노지현 조은혜 정은혜
홍보 · 외서　진효지
마케팅　김상순 강성민　　마케팅지원　최영배 정나영
제작　조영석 허병용　　경영지원　김혜경 김경희

303비전성경암송학교 유니게 과정
이슬비전도학교 / 303비전성경암송학교 / 303비전꿈나무장학회

펴낸곳　규장

주소 06770 서울시 서초구 매헌로 16길 20(양재2동) 규장선교센터
전화 02)578-0003　팩스 02)578-7332
이메일 kyujang0691@gmail.com　　홈페이지 www.kyujang.com
페이스북 facebook.com/kyujangbook　　인스타그램 instagram.com/kyujang_com
카카오스토리 story.kakao.com/kyujangbook
등록일 1978.8.14. 제1-22

책값　뒤표지에 있습니다.
ISBN 979-11-6504-590-6 03230

규 | 장 | 수 | 칙

1. 기도로 기획하고 기도로 제작한다.
2. 오직 그리스도의 성품을 사모하는 독자가 원하고 필요로 하는 책만을 출판한다.
3. 한 활자 한 문장에 온 정성을 쏟는다.
4. 성실과 정확을 생명으로 삼고 일한다.
5. 긍정적이며 적극적인 신앙과 신행일치에의 안내자의 사명을 다한다.
6. 충고와 조언을 항상 감사로 경청한다.
7. 지상목표는 문서선교에 있다.

하나님을 사랑하는 자 곧 그의 뜻대로 부르심을 입은 자들에게는 모든 것이 合力하여 善을 이루느니라(롬 8:28)

규장은 문서를 통해 복음전파와 신앙교육에 주력하는 국제적 출판사들의
협의체인 복음주의출판협회(E.C.P.A:Evangelical Christian Publishers
Association)의 출판정신에 동참하는 회원(Associate Member)입니다.